Komm und setz dich, lieber Gast

COLLECTION
ROLF HEYNE

Martha Schad

Komm und setz dich, lieber Gast

Am Tisch mit Helene Weigel und Bertolt Brecht

Fotografien von Barbara Lutterbeck

Rezepte aufgezeichnet von Renate Weinberger

COLLECTION ROLF HEYNE

INHALT

Von A. nach B. — 7

Vom armen B.B. – „Ich verachte Leute, deren Gehirn nicht fähig ist, ihren Magen zu füllen." — 7

Die 20er Jahre – „Ich habe jetzt einen (guten?) Titel für den Baal: Baal frißt! Baal tanzt! Baal verklärt sich!" — 17

„Bittersweet" Paula Banholzer – „Wir liegen im Laubwald, essen dort Mohnnudeln zum Tee ..." — 19

Das begabte Fräulein Weigel die Wienerin – „Rund wie ein Salzburger Nockerl ..." — 29

Bertolt Brecht und Helene Weigel in Berlin – „Das Kochen lernt sich ja schnell ..." — 34

Bertolt Brecht und die Kinder — 42

Des Fleischers Frau in Svendborg – Mari Hold das Augsburger Mädchen — 44

Bertolt Brecht und das Bier – „Führest beharrlich zum Munde den Krug voll schäumenden Bieres" — 50

Die Rezepte — 60

1933–1948: 15 Jahre im Exil — 85

1933: Dänemark – „Ich bräuchte Dich unter allen Umständen zu allen Dingen und allen Zeiten" — 86

Brechts England-Aufenthalte – „Die englische Küche ist lebensgefährlich" — 92

1939: Schweden – „... der den Krieg beginnt ohne Gott und mit Brotkarte" — 94

1940: Finnland – „... eine Zeit ohne Freunde,
in der nur wenig oder schlechtes Essen gab ..." 100

1941: Moskau – „Es wäre ja nicht wichtig,
wenn ich Hunger hätte, aber es ist wichtig,
daß ich dagegen bin, daß Hunger herrscht." 106

1941: Das amerikanische Exil in Santa Monica –
„Herr B. war sehr konservativ beim Essen und Trinken" 110

„Komm und setz dich, lieber Gast" –
In Helene Weigels Küche roch es nach Aprikosen ... 115

Helene Weigels CARE-Pakete nach Europa –
„Ich kannte nur eine Wohltätigkeitsorganisation,
die eingeht, wenn Brecht und Frau nach Europa reisen." 123

Die Rezepte 128

Rückkehr nach Berlin — 149

„Das deutsche Volk lebt jetzt ... ohne zureichende Nahrung,
ohne Seife, ohne die baren Grundlagen der Kultur." 149

Der Brechtkeller 158

Die Rezepte 162

1949: Das Berliner Ensemble –
„Herr Hauptmann, das ist nicht gesund." 175

Helene und die beiden Bayern: Therese Giehse und
Bertolt Brecht – „Die Weißwurst ist der höchste Genuß" 186

Damals und heute: Das Brecht-Weigel-Haus in Buckow –
„Kochen, Pilze suchen, Patience legen, Kreuzworträtsel,
Kriminalromane – ich hab doch alles in Hülle und Fülle!" 199

Die Rezepte 210

Anhang — 220

Von A. nach B.

„Ich verachte Leute, deren Gehirn nicht fähig ist, ihren Magen zu füllen."

Galilei in „Leben des Galilei"

Vom armen B. B.

I

Ich, Bertolt Brecht, bin aus den schwarzen Wäldern.
Meine Mutter trug mich in die Städte hinein
Als ich in ihrem Leibe lag. Und die Kälte der Wälder
Wird in mir bis zu meinem Absterben sein.

*Vorherige Seite: das Brechthaus (heute Museum), Auf dem Rain 7, Augsburg. Hier entstanden Brechts frühe Werke.
Links: Die Familie Brecht, 1908.
Rechts: Fassade des dritten Brecht-Wohnhauses, Bleichstraße 2, der heutigen Bert-Brecht-Straße in Augsburg.*

Mit den „schwarzen Wäldern" meinte Bertolt Brecht den Schwarzwald, was biografisch gesehen auf recht tönernen Füßen steht. Brechts Vater, Berthold Friedrich Brecht (1869–1939), stammt aus dem badischen Achern, das immerhin noch am Fuß des Schwarzwaldes liegt. Allerdings: Rossberg bei Bad Waldsee im Allgäu, den Geburtsort der Mutter, Friederike Sophie Brezing (1871–1920), mit dem Schwarzwald in Verbindung zu bringen, erscheint schon recht wagemutig. Die Eltern heirateten am 15. Mai 1897 und wurden protestantisch getraut, weil Sophie evangelisch war. Brechts Vater lebte schon seit 1893 in Augsburg und arbeitete als Angestellter in der Haindl'schen Papierfabrik. Das Paar wohnte Auf dem Rain 7, in einem Handwerkerhaus, das von zwei Seiten von einem Lechkanal umspült wird. Dort kam bei einer Hausgeburt am 10. Februar 1898 ihr erstes Kind auf die Welt: Eugen Berthold Friedrich (der sich später erst Bert, dann Bertolt nannte). Seine Taufe fand am 20. März in der evangelischen Kirche „Zu den Barfüßern" statt. Da sich im Erdgeschoss seines Geburtshauses eine lärmende Feilenhauerei befand, übersiedelte die Familie schon am 18. September 1898 in das Haus „Bei den sieben Kindeln". Dort wurde Eugens Bruder Walter geboren.

Der dritte Umzug hing eng mit dem beruflichen Aufstieg des Vaters zusammen. Die Familie zog am 12. September 1900 in die Bleichstraße 2. Das Haus gehörte zu den vier zweistöckigen Stiftungshäusern der Firma Haindl, einer firmeneigenen Wohnanlage für verdiente Arbeiter und Angestellte. Das neue Zuhause der Familie Brecht hatte eigentlich den Umfang von zwei oder, je nachdem wie man rechnet, gar von vier Wohnungen. Im Dachgeschoss, der später berühmt gewordenen Mansarde, feierte der heranwachsende Bertolt Brecht fröhliche Feste und schrieb seine Erstlingswerke.

Mit der Ernennung zum Prokuristen und Verwalter der Haindl'schen Stiftungshäuser war für den Vater nicht nur ein höheres Einkommen, sondern auch eine Residenzpflicht verbunden. So wuchs Bertolt Brecht in dem vorderen, dem von Kastanien umsäumten Stadtgraben zugewandten Stiftungshaus auf – unverkennbar in einem gut bürgerlichen Elternhaus, mit protestantischer Erziehung und durchaus sichtbarem Wohlstand.

Sophie Brecht, die Mutter, eine lebensvolle und lebenskluge Frau, willensstark und aufgeschlossen, die „Seele des Hauses", konzentrierte sich emotional auf ihren sensibel-begabten ältesten Sohn, der im schönsten Schwäbisch Aigin gerufen wurde. „Unsere Mutter hatte die Gabe des Erzählens und Erklärens; mit leiser, fast zärtlich flüsternder Stimme machte sie lebendig, was wir an biblischen Geschichten aus der Schule heimbrachten", schrieb Walter Brecht in seiner Autobiografie. Die Kindererziehung war ihre Angelegenheit, da der Vater beruflich sehr eingespannt war. Als ihr fünfjähriger Sohn Eugen für einige Zeit bei den Großeltern in Achern weilte, war ihre Sehnsucht nach ihm groß. Der Bub war sehr gerne in Achern, denn nach seiner Meinung konnte niemand so gut kochen, wie seine Großmutter Karoline. Bereits damals begann Sophie Brecht zu kränkeln und unterzog sich mehreren Kuren. Aus einem Aufenthalt in Oberdachstetten schrieb sie ihren Söhnen: „Gar nichts darf man thun als ausruhen und essen und Milch trinken. Zugenommen habe ich diese Woche nicht, aber Essen habe ich doch gelernt."

Über den Alltag im Hause Brecht, übers Essen und Trinken erfährt man am meisten durch Walter Brecht:

„Zum Frühstück gab es Zichorienkaffee mit frisch gebackenen Semmeln. Der Vater aß sie mit Butter, die Kinder trocken oder mit Gsälz, einer von der Mutter zubereiteten Zwetschgenmarmelade. Der Vater verzehrte auch mit Behagen ein weich gekochtes Ei. Die Mutter frühstückte meistens im Bett. Das Frühstück dauerte für die Kinder nicht

lange, denn sie wollten schnell zur Schule. Beim Mittagessen, das fertig sein musste, wenn der Vater, der Herr Direktor, aus der Firma kam, ging es oft recht lebhaft zu. Die Mutter sprach das Tischgebet. Die Kinder hörten mit gefalteten Händen zu. Eugen saß links von seiner Mama, Walter rechts. Der Vater, an der anderen Längsseite des weiß gedeckten Tisches, schnitt das Fleisch und teilte es aus, während die Mutter die Kinder mit Gemüse und Kartoffeln versah. Einen Nachtisch gab es unter der Woche nicht.

In Grunde interessierten die Kinder die Mahlzeiten überhaupt nicht. Sie sahen sie als reine Sättigung an. Samstags gab es manchmal Irish Stew, einen Eintopf, den sie genauso wenig mochten wie an anderen Samstagen das ausgekochte, zähe Rindfleisch, zu dem es meist unbeliebtes Wirsinggemüse und Kartoffeln gab. Böse Unruhe entstand, wenn Eugen mit der Gabel im Sauerkraut auf seinem Teller herumstocherte und sich weigerte aufzuessen. Er hasste den Satz:

Wenn das nichts nutzte, gab es Ärger, und Eugen hörte nicht nur ein Donnerwetter, sondern bekam auch Ohrfeigen.

Walter Brecht erinnerte sich noch genau an den einmal im Jahr erscheinenden Mann mit dem großen Hobelbrett, der kam, um im Keller die angelieferten Krautköpfe klein zu schneiden. „Das Kraut wurde in einer Schüssel gesalzen, ins große Krautfass gelegt und von dem Mann mit einem schweren Holzstampfer lagenweise eingestampft. Die oberste Schicht deckte man mit einem weißen Tuch ab, worauf ein kurzes, mit einem schweren Stein belastetes Brett gelegt wurde. War die Gärung weit genug fortgeschritten, ging bei Bedarf das Dienstmädchen in den Keller, nahm Stein, Brett und Tuch ab, entfernte die oberste Lage des Krauts, entnahm eine Portion für die Küche, wusch Tuch, Brettchen und Stein und versetzte alles wieder in den früheren Zustand."

Walter Brecht erinnerte sich gerne an die Weihnachtszeit in Augsburg. Eugen und er waren

„Was auf dem Teller liegt, wird aufgegessen."

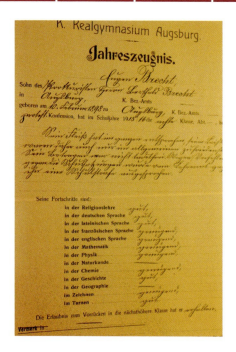

bei dem Hausmädchen Marie Miller in der Küche, wenn sie Weihnachtsplätzchen buk. Beim Teigrühren durften sie ihre kleinen Finger in die Schüssel tauchen. Der Heiligabend wurde immer sehr feierlich begangen. Alle kleideten sich festlich. Marie trug ein abgelegtes Kleid von Frau Brecht. Am Weihnachtstag gab es Schinken und Ente mit reichlichen Beilagen.

Eugen Berthold Friedrich Brecht das Schulkind: Sein Deutschlehrer am Königlich Bayerischen Realgymnasium beschrieb ihn als einen besonderen Schüler, hochbegabt und eigenwillig, und prohezeite ihm eine „außergewöhnliche Zukunft". Über die ersten Schuljahre, von 1904 bis 1908, schrieb Bertolt: "Die Volksschule langweilte mich vier Jahre."

Die Bibel sollte in Brechts Werk eine bedeutende Rolle spielen. Zu Hause wurde der „Ehrentag als Jungmann" – wie man das nannte – gefeiert. Die Mutter hatte eine große Tafel angerichtet, und Eugen saß mit dem steifen Kragen da, den er dann ablegen durfte. Sein Konfirmationsspruch lautete:

Lasset Euch nicht durch mancherlei und fremde Lehren umtreiben, denn es ist ein köstlich Ding, dass das Herz fest werde, welches geschieht durch Gnade, nicht durch Speisegebote, davon keinen Nutzen haben, die damit umgehen.
(Hebräer 13,9)

Butterbrote mochte Eugen sein Leben lang. Die sparsame Mutter hatte die Angewohnheit, beim Bestreichen der Butterbrote zuletzt das Messer noch einmal senkrecht zu stellen, um so überflüssige, zu dick aufgetragene Butter wieder vom Brot zu nehmen und einzusparen. „Sie lächelte dabei besänftigend und entschuldigend. Die Sparsamkeit, die nichts mit Geiz zu tun hatte und nie durch lebhaftes Mahnen störte, hatte sie aus ihrem Elternhaus mitgebracht." Wenn Schulfreunde zum Beispiel zum Schachspielen kamen, servierte sie ihnen Butterbrote mit Schnittlauch darauf und Tee.

Am 29. März 1912 wurde Eugen Berthold Friedrich Brecht in der Barfüßerkirche konfirmiert. Ein Mitkonfirmand bestätigte, dass Brecht den Konfirmandenunterricht sehr ernst nahm. Mühelos konnte er die aufgetragenen Bibeltexte hersagen.

Obwohl die Beziehung zur Mutter sehr eng war, spielte der oft abwesende Vater nicht gerade eine untergeordnete Rolle. Der Vater begegnete dem „verträumten und grüblerischen Dichterling" ohne Empathie und mit unsicherem Spott. So soll er am Stammtisch erzählt haben: „Ich bin ein Dichtervater, und mein Sohn ist ein fader Dichter."

Der Vater jedoch unterstützte Eugen und förderte unmittelbar auch dessen literarisches Schaffen. Er ließ verfasste Stücke seines Sohnes von den Sekretärinnen der Firma Haindl mit der Schreibmaschine abtippen. Die Mühe entlohnte Brecht in aller Regel mit zehn bis zwanzig Mark. Für eine Abschrift des „Baal"-Manuskripts wurde der Sekretärin Else Waibel sogar eine Firmenschreibmaschine übers Wochenende nach Hause gebracht. Es kam vor, dass die Damen wegen der Anzüglichkeit der Texte von Skrupeln befallen wurden, sich heftig darüber beklagten und die Abschrift verweigerten. Zum 50. Geburtstag des Vaters am 5. November 1919 schrieb ihm der Sohn: „Wie außerordentlich viel ich Dir, lieber Vater, verdanke, wie viel ich in meiner Art von Dir übernommen habe, das werden Dir vielleicht gelegentlich die Literaten sagen, wenn sie über meine literarischen Arbeiten reden."

Zur Bewältigung des vierköpfigen Haushalts wurde 1906 die aus München stammende Afra Unverdorben engagiert. Zwischen 1908 und 1914 versah die aus Halbertshofen/Neuburg an der Kamel stammende Marie Miller, die „schwarze Marie", den Dienst einer Köchin. 1915 kam Helene Zwanziger, gefolgt von der Köchin Anna Langenwalt. Ab 1924 diente Mari Hold im Haushalt, und löste damit ihre Schwester ab. Mari Hold folgte Bertolt Brecht später nach Berlin und sogar nach Dänemark ins Exil. Die im Juni 1918 engagierte Hausdame Maria Roecker, die Frau Brecht bis zu deren frühem Tod aufopferungsvoll pflegte, blieb der Familie bis zum Tod des Herrn Direktors verbunden. 1928 zog Brechts Vater in das neu gebaute fünfte der Haindl'schen Stiftungshäuser um und mietete seinem Sohn Eugen zusätzlich ein Art Appartement mit zwei Zimmern.

Der junge Brecht war äußerst gesellig. Viele seiner Freunde beschrieben später die „nächtlichen Streifereien" durch die Augsburger Altstadt zum Brunnenlech. Brecht wollte Spaß haben, und es gehörte dazu, die ganze Nacht aufzubleiben. Um

Links: In der Barfüßerkirche wurde Brecht getauft und konfirmiert. Blick in den Ostchor mit Kruzifix von Georg Petel, um 1630 und Chorgitter von J. S. Birkenfeld, um 1760.
Unten: Brecht durchstreifte gerne die Augsburger Altstadt.

ihn sammelten sich viele Jugendliche. An langen Stangen wurden schwankende Lampions mitgeführt. Viele Freunde hatten eine Mundharmonika dabei. Brecht sang dazu seine Bänkellieder, ob im Freien oder in den Augsburger Kneipen. „Gablers Taverne" am Vorderen Lech wurde seine Lieblingskneipe. Die Wirtsleute Gabler, schon ältere Herrschaften, bemutterten die Buben. Sie spendierten zuweilen Butter- und Rettichbrote zum Bier. Besonders beliebt waren bei Brecht und seinen Freunden deftige Speisen wie Kartoffelsalat mit Würstchen, Schweinekotelett, und Gurkensalat. Auch selbst angesetzter Heidelbeerwein kam bei Gablers auf den Tisch.

Der Augsburger Kartoffelsalat und die Schweinekoteletts finden sich wieder in dem in Dänemark fertig geschriebenen Schauspiel „Die Rundköpfe und die Spitzköpfe":

DAS NEUE IBERINLIED

Der Pachtherr grübelt Tag und Nacht
Was er alles noch kriegen kann
Und wenn er sich etwas ausgedacht
Das Pächtervolk schafft es ihm ran.
Auf den Tisch
Stellt es ihm Suppe und Fisch
Einen Bottich mit Wein
Gießt es ihm hinein.
In sein Bett
Bringt es noch ein Kotelett
Mit Kartoffelsalat
Und dann legt es ihn ins Bad.
Wenn er zum Beispiel raucht
Gibt's nur Virginia
Alles was er braucht
Steht einfach da.

Schon wenige Wochen nach Beginn des Ersten Weltkrieges trafen die ersten Kriegsgefangenen in Lager Lechfeld ein. Walter und Berthold beschlossen dorthin zu fahren. Sie packten Äpfel, Birnen und Pflaumen, Kuchen und Schokolade ein, um den französischen Infanteristen, die noch die roten Hosen trugen, etwas reichen zu können. Die Buben konnten nahe an den Stacheldrahtzaun gehen und die Soldaten auch ansprechen. Doch die Verständigung klappte überhaupt nicht.

Die Kostümfeste bei Gablers nannte man bald „Brechtfeste". Wie Xaver Schaller sich erinnert, hatte Brecht meistens seine Gitarre dabei und sang seine Lieder und Balladen. Zum harten Kern der Brecht-Clique zählten Georg Pfanzelt, Otto Müllereisert, Hans Otto Münsterer, Otto Bezold, Heiner Hagg und Caspar Neher. Eine einzige Augsburgerin durfte gelegentlich an den Unternehmungen des Freundeskreises teilnehmen: Paula Banholzer, von Brecht Bi (Bittersweet) genannt. Sie wurde die Mutter seines ersten Kindes.

„Verhältnisse" gab es jede Menge. Anfang Januar 1917 schickte Bertolt Brecht an Heiner Hagg folgende Einladung:

```
Lieber Heinz! Es geht. Heute Montag,
Abend 6 ʰ in dem Eisladen vis-à-vis
der Heilig-Kreuzkirche in der Kreuz-
straße Réunion der Sylvesterspukge-
stalten. Hast Du Punschessenz? Nötig:
Trinkbecher. (Schlitten.) Holz (im
Rucksack). Mundharmonika. -Humor.
Zigaretten. Wasserstiefel. Gefühl für
Romantik und Ulk. Ziel: Nervenheil.
Rodelpartie im Sternenschein. Tee
im Wald. Zweikämpfe mit Flurhütern.
Also um sechs Uhr, Holdseligster!
B Brecht
```

Links: Die heimische Küche, wie etwa Kartoffelsalat, hat Brechts Essgewohnheiten geprägt.
Oben: Brecht und seine Mutter Sophie in der Gartenlaube, 1915.

Diese Silvesterfeier verlief nach Berichten von Heiner Hagg sehr stimmungsvoll. Brecht wünschte sich: „Das Lagerfeuer wäre noch schöner, wenn jetzt eine nackte Hure darüber springen würde."

Über Brechts kulinarische Vorlieben berichtete Hedda Kuhn, Brechts zeitweilige Münchener Freundin und Kommilitonin: „Brecht aß am liebsten Pfannkuchen. Ich wusste in München einige Gaststätten, wo man ohne Marken etwas bekam … Brecht trank immer viel Tee". Im Winter ging er gerne zum Schlittschuhlaufen und kaufte sich Eis. Ein anderes Mal machte er mit seinen Freunden Georg Pfanzelt und Caspar Neher einen Spaziergang am Lechkanal im Klauckeviertel. Nachts aßen sie Eis im Orchideengarten.

Seine Mutter, die schon in jungen Jahren an Krebs erkrankte, wurde von Brecht sehr geliebt. Der Wunsch des Sohnes, Medizin zu studieren, entsprang möglicherweise der Sorge um seine Mutter. Ihr früher Tod schmerzte ihn sehr. Sie hatte nicht nur Verständnis für sein Wesen, sondern glaubte auch an seine Zukunft als Literat, allerdings eher in Gestalt eines „neuen Ganghofer". Noch zu Lebzeiten seiner Mutter redigierte Brecht am Königlich-Bayerischen Realgymnasium die Schülerzeitung „Die Ernte" und schrieb für die „Augsburger Neuesten Nachrichten" sowie die „München-Augsburger-Abendzeitung" erstaunliche literarische Beiträge. Zum Tod der Mutter schrieb er eines der rührendsten Gedichte überhaupt. Auf den Sarg der Mutter legte Brecht Blüten von dem Kirschbaum, den sie selbst gepflanzt hatte. Ihre persönlichen Dinge, vom Sofakissen bis zum Bett, beförderte er in seine Studentenbude. In ihrem Waschgeschirr wusch er sich fortan.

Die 20er Jahre

Die Jahre 1917 bis 1922 waren für Brecht eine schöpferische Zeit, aber auch ein „furchtbares Chaos", wie Hans Otto Münsterer schilderte, und besonders der Frühsommer 1919 war „erfüllt von Baal'schem Weltgefühl". In diesem Umfeld entstand Brechts Frühwerk, die frühen Dramen (in ständiger Umformung): „Baal", George Pfanzelt gewidmet, „Trommeln in der Nacht", Bi Banholzer gewidmet, dann „Im Dickicht der Städte" und „Mann ist Mann".

Brechts Zeit in München zwischen der Aufnahme des Medizinstudiums 1917 und dem Weggang nach Berlin 1924 ist bestimmt von vielen Begegnungen und dem Erwachen eines starken Selbstbewusstseins. Er lernte Frank Wedekind im Seminar des Literatur- und Theaterwissenschaftlers Professor Artur Kutscher kennen, es entstand die Freundschaft mit Arnolt Bronnen, er begegnete Lion und Marta Feuchtwanger, Oskar Maria Graf und Marieluise Fleißer. Der Höhepunkt war sicher die Uraufführung seines Revolutionsdramas „Trommeln in der Nacht" 1922 in den Münchener Kammerspielen.

Im Mai 1918 berichtete Bertolt Brecht seinem Freund Hans Otto Münsterer:

Jugenddrama eines Autors, der seine eigenen Stimmungen und Gefühle, eigene Erfahrungen und eigenes Ungenügen an der ihn umgebenden engen Bürgerwelt Augsburgs ausdrücken will. Kritiker sehen in diesem Werk halb ein Selbstporträt des Autors, halb Objekt, an dem er seinen Hass gegen die eigene arme Seele und gegen das eigene Tun austobt.

Einem Sonett aus den (zwischen 1936 und 1939 entstandenen) „Studien" stellte Brecht die Zeilen voran: „Der Augsburger geht mit Dante durch die Hölle der Abgeschiedenheit. Er spricht die Untröstlichen an und berichtet ihnen, dass auf der Erde nunmehr manches geändert ist." Dies ist die einzige Stelle in Brechts Werk, wo er sich als Augsburger bekennt, mehr noch: „der Augsburger" nennt, und das 40 Jahre nach seiner Geburt und fünf Jahre, nachdem er Deutschland verlassen hatte. Brecht stellte sich dem Florentiner Dante als „der Augsburger" an die Seite, obwohl doch nicht unmittelbar aus seiner Vaterstadt vertrieben wie jener.

Fritz Sternberg hatte Brecht 1927 Dantes weltliterarischen Ort umrissen – und eben 1927 fanden Terzinen eines platonischen Liebesgedichtes unter dem Zeichen der Kraniche mitten in die Oper „Aufstieg und Fall der Stadt Mahagonny". Doch schon 1920 hatte man sich, wie Hans Otto

„Ich habe jetzt einen (guten?) Titel für den ‚Baal': Baal frißt! Baal tanzt!! Baal verklärt sich!!!"

Baal, das ist der schmatzende, genussfreudige Egoist, der seinen vollen Bauch, seine Fleischeslust für das Maß aller Dinge erklärt, der, wenn sein Egoismus, sein Heißhunger auf Schnaps, Natur, Frauen mit der Umwelt zusammenstößt, sagt: „Umso schlimmer für die Umwelt." Baal ist ein

Münsterer aufschrieb, in der Brecht-Clique jenen Großen vertraulich-salopp genähert, um sie zu entzaubern: „Oder man stellt sich große Männer in sehr menschlicher Lage vor, Napoleon Eis essend, Christus mit Zahnweh, den erhabenen Dante für seine Beatrice Zwiebel schälend ..."

„Bittersweet" – Paula Banholzer

Der Lebenswandel von Bertolt Brecht in Augsburg barg genug Zündstoff für eine gutbürgerliche Familie. Im Jahr 1924 war der 26-jährige Dichter schon Vater von drei Kindern mit drei verschiedenen Müttern: Paula Banholzer, die geliebte Bi, die Wiener Opernsängerin Marianne Zoff, „die schönste Frau Augsburgs", und Helene Weigel, die „Verlässliche", ebenfalls eine Wienerin. Das Erstaunlichste an dieser Konstellation ist die Tatsache, dass die Damen sich kannten und auf Wunsch von Brecht sogar in Augsburg mit ihm, seinen Eltern und Freunden zusammentrafen.

Sowohl Brechts erste Ehefrau, die Sängerin Marianne Zoff, als auch die zweite Ehefrau, Helene Weigel, bezeugten später übereinstimmend,

1954 wollte ein Redakteur der Gewerkschaftszeitung „Tribüne" von Brecht mehr über dessen „schwierigen Anfang" als Literat erfahren. Darüber erzählte Brecht der Schauspielerin Käthe Rülicke auf der Fahrt von Buckow nach Berlin: „Ich habe angefangen zu schreiben, weil ein sehr junges Mädchen von mir ein Kind erwartete und ich unbedingt Geld brauchte. Ich beschloss, einen Reißer zu schreiben unter dem Titel ‚Spartakus'. Das Stück ‚Trommeln in der Nacht' brachte mir 1. den Kleist-Preis ein und 2. eine Rente von einem großen Verlag für zwei Jahre." Damals verfasste Brecht zur Erinnerung an Paula Banholzer den liebevollen Vierzeiler:

```
BIDI IN PEKING
Im Allgäu Bi
Guten, sagt er
Morgen, sagt sie.
```

„Wir liegen im Laubwald, essen dort Mohnnudeln zum Tee..."

dass die Augsburgerin Paula Banholzer Brechts einzige große Liebe war. Brecht selbst hat ein Leben lang seine Bi nicht vergessen können. Als er in Berlin die junge Schauspielerin Isot Kilian schätzen lernte, schrieb er seine Empfindungen nieder: „Die Freundin, die ich jetzt habe und die vielleicht meine letzte ist, gleicht sehr meiner ersten. Wie jene ist auch sie leichten Gemüts; wie bei jener überrascht mich tiefere Empfindung. [...] Meine jetzige Freundin ist wie meine einstige am lieblichsten, wenn sie genießt. Und von beiden weiß ich nicht, ob sie mich lieben."

Vorherige Seite: Baal mit Klampfe, Aquarell von Caspar Neher, 1920.
Links: Brecht und Paula Banholzer - „Bittersweet".

„Von seinen gescheiten Reden", so sagte Paula Banholzer einmal in Augsburg, „war ich wie betrunken. Da wurde er mir sympathisch. Er hatte auch sehr gute Manieren, hat mir immer die Hand geküsst. Das hat sonst keiner getan. Angezogen war er allerdings unmöglich. Das hat mich am Anfang am meisten abgestoßen. Immer hatte er schlampiges Zeug an, die Strümpfe hingen herunter, die Cordhosen verknautscht und eine fürchterliche Schiffermütze! Und dann hat er angefangen, sich vorn am Kopf die Haare wegzurasieren, damit die Stirn höher wird."

Paula, eine Arzttochter, schüchtern und wohlerzogen, besuchte das bis heute existierende Maria-Theresia-Gymnasium. Als sie 14 Jahre alt war, begann der Schüler Eugen das auffällig hübsche Mädchen zu umgarnen, interessierte sich allerdings gleichzeitig sehr für deren Freundin Maria Rosa Amann. Die Dritte im Bunde, der Brechts Interesse galt, war die gleichaltrige Therese Ostheim, die das Lehrerinnenseminar besuchte. Es dauerte sehr lange, bis Paula bereit war, Brechts Freundin zu werden. Dieses Ereignis teilte er eiligst seinem Freund Caspar Neher mit: „Nun hat mich Bittersüß lieb. So nenne ich Paula. Sie ist wundervoll weich und frühlingshaft, scheu und gefährlich. Täglich führe ich mich in Versuchung, um mich von allen Übeln zu erlösen. Aber ich will nicht tun, was ich tun will. Was aber, wenn sie will? Schreibe mir, heiliger Cas, was dann ist! Wer besser ist als ich, auf den werfe ich den ersten Stein."

Dienstag, 9. bis Samstag 15.
„Wir baden täglich und laufen nicht zuviel. Pfarrer schenken uns Brot oder 5 Mark, Bauern Most. Die Kartoffeln stehlen wir."

Bi, Brecht und Neher gehen zusammen tanzen ins „Drei Mohren", ständig ins Stadttheater. Seinem Freund Neher schrieb er, dass er es gar nicht mag, wenn seine ganze Stube voll von Freunden ist, wenn er von München nach Augsburg kommt. Keine Ecke bliebe ihm, um mit Bi allein etwas zu besprechen.

Sonntag, 22. August 1920:
„Nachmittags ist Bi da, sie kocht Tee, den wir im schönen Zimmer nehmen, auf der Chaiselongue, bequem vom Rauchtischchen. Das ist sehr angenehm, Teetrinken ist ein seelenvoller Sport. Bi hat so hübsche, weiße Beine, die etwas Aufmerksamkeit unbedingt beanspruchen können."

Ein anderes Mail genoss der junge Brecht das „auf dem Kanapee-Herumlümmeln" in seinem Zimmer: „Einmal ist die Anni Bauer da, abends, auf dem Atelier, wir trinken Schnaps unterm Lampion, ich zupfe die Geige, ich küsse sie, werde frech, aber sie riecht nach einem armen Mädchen und ich schicke sie heim. Auch habe ich Angst vor Go(norrhoe)."

Bi Banholzer war genau wie Brecht noch minderjährig, als sie schwanger wurde. Eine Heirat lehnte ihr Vater ab. Als sich die Schwangerschaft nicht mehr verbergen ließ, musste Paula zu einer Tante nach Kimratshofen im Allgäu gehen. Brecht schlug Paula im Januar vor, mit dem Kauf von Kinderwäsche noch zu warten, da möglicherweise seine Mutter, die allerdings fast alles verschenke, noch welche habe. Als Bis Stimmung hin und wieder schwankte, meinte der Kindsvater: „… mach ein helles Visäschchen!"

Am 30. Juli 1919 brachte die „kleine Madonna im Bauernbett" den Sohn Frank zur Welt. Zum Andenken an Wedekind, der 1918 gestorben war, erhielt der rotschopfige Säugling den Namen Frank, zusätzlich noch Otto Walter. Die gesamte Brecht-Clique kam zur Taufe. Georg Pfanzelt, von seinen Freunden Orge genannt, spielte die Orgel, während Brecht den „Choral vom großen Baal" sang.

Damit Bi die Schande erspart blieb, als ledige Mutter nach Augsburg zurückzukehren, wurde das Kind in die Obhut des Distriktwegemachers-Ehepaar Stark gegeben. Bei einem seiner Besuche bei den Pflegeeltern in Kimratshofen empfand Brecht große Freude beim Anblick seines Sohnes. Er hatte Angst gehabt, Frank würde sehr „bäurisch" aussehen. Doch das Kind war lebhaft, schlank, zartgliedrig, mit feinem hellem Gesicht,

Brecht und seine Augsburger Freunde: neben ihm auf der Couch Otto Müllereisert, Otto Bezold und dahinter Georg Pfanzelt, 1917.

roten gelockten Haaren. Frank war schnell mit seinem Vater vertraut und lief ihm entgegen. Mit seiner Mutter dauerte es länger, bis er warm wurde. Brecht beschwor seinen Vater förmlich, sein Enkelkind zu sich nach Augsburg zu holen. Dieser lehnte jedoch ab, sicherlich beeinflusst durch die Hausdame Fräulein Roecker, die kein uneheliches Kind im Haushalt des Herrn Direktors wollte. Wenn Frank in Augsburg gewesen wäre, hätte sich sein Vater zeitweise selbst um ihn kümmern können. So hatte er Angst davor, dass sein Sohn in fremden, gefühllosen Händen „irgendwie verpfuscht" werden könnte. Der kleine Bub wurde von Pflegeeltern weiter zu Verwandten und Freunden geschoben. Später wünschte sich Brecht, dass der kleine Frank zusammen mit seiner ehelichen Tochter Hanne aufwachsen solle. Helene Weigel versuchte immer wieder, sich um das so vernachlässigte Kind zu kümmern. Entfernte Verwandte von Helene Weigel nahmen schließlich den Buben ab 1924 in Baden bei Wien zeitweise in Pflege; dann kam er doch zu seiner Großmutter mütterlicherseits nach Augsburg. Kein Wunder, dass seine schulischen Leistungen nicht sehr gut waren. Frank wurde am 6. Oktober 1939 zum Militär eingezogen. Nach einer Fliegerausbildung wurde er von Frankreich aus gegen England eingesetzt und kam dann an die Ostfront. Erst 24 Jahre alt, fand er dort den Tod. Sein Grab ist auf dem Friedhof von Porchow in Russland.

Brecht hing an seiner Bi, am 4.11.19. schrieb er aus München: „Liebste Bi, ich werde jeden Abend um acht Uhr Dir einen langen Kuß geben. Und meine Lippen werden süß schmecken: denn zuerst esse ich ein Stück von Deinem Kuchen. Der ist wunderbar und wäre schon Dienstag total aufgefressen worden, wenn ich nicht sechs Schnitte hineingemacht hätte, für jeden Tag einen." Da Brecht meinte, Bi solle mehr Klavier spielen und auch mehr singen, denn sie habe eine recht brauchbare Stimme, empfahl er ihr: „Lerne vor allem die Lönslieder auswendig! Dein Urteil über Niels Lyne ist recht annehmbar. Wenn Du neue Bücher brauchst – lies nur, sooft zu Zeit hast – , dann rufe Müller an. Der soll bei mir welche holen! Ich habe Dich immer lieb, es ist eher arg als angenehm, wenn ich Dich nicht da habe. Jetzt küsse ich Dich! Dein Bert"

In der Zeit nach Franks Geburt überlegte man, wie der Lebensweg von Paula Banholzer weitergehen solle. In einem Brief vom 10.12.1919 aus München erkundigte sich Brecht, ob Bi jetzt das Weißnähen erlernen werde. Damit sie einmal das Hungertuch, an dem beide nagen, besser nähen kann als irgendeine andere Frau. Sie sollte alles besser können als irgendeine andere Frau, das Tanzen und das Kochen, das Beten und das Dienstmädchen-Ausschimpfen. Außerdem meinte er: Diejenige, die mit Waschfrau und Milchmann auskommt, die macht kein Mann mehr dumm. Eine Frau, die einem Achtung vor ihr beigebracht habe, führt man in keine Schnapsschenke in den Lechgässchen zu einer zweifelhaften Gesellschaft, wozu die Herren ihre Schwestern nicht mit hinführen.

Brecht sprach in diesem Brief auch den letzten Abschied von Bi an: „Hoffentlich hast Du neulich, Montag, nicht Vorwürfe gekriegt, weil wir einen Umweg gemacht haben. Aber Deine Mutter wird doch einsehen, daß Du einem (schönen) jungen Mann auf dem geraden Weg zur Bahn, mitten auf der Straße, keinen Abschiedskuß geben kannst! Ich habe dafür den Zug versäumt und bin eine Stunde lang auf dem windigen Bahnsteig von einem Fuß auf den andern getreten, und dann mußte ich alle Nudeln im Zug aufessen, die für die ganze Woche langen sollten." Wo immer Brecht sich aufhielt, er schrieb seiner

... gleich zwei Mal am Tag Kart

geliebten Bi. Vernichtend fiel sein Urteil über die Mädchen in Berlin aus. Sie solle sich keine Sorgen machen, dass er sich dort verlieben würde. „Geistreichelnde, überspannte verlebte Gänse, hurenhaft und verbildet und so dumm." Oder: „Keine einzige richtige Frau, die was ist, o ich hab Dich lieb, Bi!"

Im Mai 1921 hatten Brecht und Bi einen Ausflug an den Starnberger See gemacht, ein Ereignis das er ganz poetisch schilderte: „Ich fahre mit Bi an den See. Wir liegen im Laubwald, essen dort Mohnnudeln zum Tee: nehmen ein Sonnenbad im Kahn, wobei sie unvergleichlich schmal und zart. Dann lehre ich ihr das Schwimmen, denn ‚es fällt immer ihr Gesicht ins Wasser'. Sie lernt es leicht, zappelt nur ein Stück. In der Kabine sind wir nackt, sie hat eine so reine natürliche Anmut

Links: Aus Brechts Münchener Briefen lässt sich erkennen, dass er besonders oft Kartoffelknödel aß.
Oben und folgende Doppelseite: Idylle an der Augsburger Kahnfahrt – Blick auf die Augsburger Kahnfahrt gegenüber dem Brecht-Wohnhaus in der Bert-Brecht-Straße.

offelknödel ...

und Würde in allem. Wir trinken während eines Hagels (Gott schießt mit taubeneigroßen Eiskugeln in die grünen Büsche) Kaffee und filmen dann im leis tropfenden Wald die ‚Jungfrau von Orleans' ... Sie sagte, ich wirke männlich, wenn ich spreche, überhaupt das Gesicht, aber am wenigsten von hinten, da sehe ich unregelmäßig, klein und gering aus, im Bett bubenhaft und frech und am besten, wenn etwas passiere. – Ich habe sie sehr lieb."

Während die Briefe Brechts an Paula im Nachlass seines Bruders entdeckt wurden, existiert nur ein einziger Brief von Bi an ihren Geliebten in Berlin. Es ist ein Geburtstagbrief vom Februar 1922. Sie hat für Bertolt etwas zum Geburtstag gemacht, das sie ihm allerdings persönlich überreichen möchte. „Sonst weiß ich nichts Neues, als dass ich Dich sehr lieb habe und dass ich mir sehr viele Sorgen um Dich mache. Wie geht es Deinem Ruhm? ... Wenn wir jetzt heiraten wollten, müssten wir schon sehr viel Geld haben, sonst wäre nicht auszukommen."

Brecht lud Bi zur Uraufführung von „Trommeln in der Nacht" am 29. September 1922 in den Kammerspielen in München ein. Dieses große Ereignis wollten sich auch Brechts Vater, sein Bruder Walter und die Hausdame Roecker nicht entgehen lassen. Karl Valentin war ebenfalls erschienen. Er nannte Brecht einen Menschen, der „ein durchaus komplizierter, blutiger Witz ist. Er ist von einer ganz trockenen, innerlichen Komik, bei der man rauchen und trinken kann und unauf-

hörlich von einem innerlichen Gelächter geschüttelt wird, das nichts besonders Gutartiges hat". Bi erzählte über diese Uraufführung, dass Brecht anschließend allein mit ihr feiern wollte. Er hatte vorab eine Flasche Sekt gekauft, weil er nicht den hohen Preis im vornehmen Café Fahrig zahlen wollte, wo er sie hinführte. Aber der Kellner verlangte dann neun Mark Korkengeld. (Das war ebenso viel, wie die beste Flasche Sekt gekostet hätte.) Die eigentliche Feier fand im Hotel Wolf in München statt. Die Inszenierung kam nach sechzehn normalen Vorstellungen in München zu einem Gastspiel nach Augsburg.

Als sich Bi mit dem Augsburger Kaufmann Hermann Groß verlobte, wollte Brecht intervenieren. Doch nicht er selbst reiste nach Augsburg, sondern die damals mit dem neuesten „kleinen Brecht" schwangere Helene Weigel sollte sich um

Die Beziehung zwischen Paula und Bertolt blieb zu keiner Zeit frei von Brechts Lügen, Schwindeleien und der Jagd nach anderen zu erobernden Frauen. Das war auch der Fall, als die sehr attraktive Mezzosopranistin Marianne Zoff (geboren am 30. Juni 1893 im tschechischen Hainfeld) am 23. September 1919 ihr Debüt am Augsburger Stadttheater gab. Sie trat als Zigeunermädchen Mercedes in „Carmen" auf und bekam ab dem 23. November die Hauptrolle in dieser Oper. Brecht eroberte sie, obwohl sie ihn als ein „überaus ungepflegtes" und „spindeldürres Männlein" empfand. Bertolt Brecht schien eine geradezu hypnotische Verführungsmacht zu besitzen. Tochter Barbara hat später in einem Interview, das auch Brechts Jähzorn und Rücksichtslosigkeit nicht unterschlug, diesen Zauber liebevoll in ein Bild gebracht:

„Der konnte die Vögel von den Bäumen charmieren."

Bi kümmern. Auf Brechts Wunsch hatte sie versucht, für „die Bi" in Berlin eine Wohnung und eine Stelle zu finden und teilte ihr dies telefonisch mit. Bi legte auf. Sie konnte sich kaum vorstellen, dass die Weigel nun eigens nach Augsburg kommen würde. Helene Weigel versuchte mit Überzeugungskraft, Bi die brechtschen Argumente gegen eine Heirat mit Groß zu vermitteln. Doch Bi blieb bei ihrem Entschluss, heiratete, wurde glücklich und nochmals Mutter eines Sohnes. Ihre Memoiren hat sie erst als 80-jährige Dame niedergeschrieben, und die Zeiten an Brechts Seite verklärten sich etwas. Die „süße Gazelle meiner [Brechts] dunkelen Träume" beginnt ihr Buch mit einem „Fanfarenstoß": „Bert Brecht. Ein Name, der um die Welt gegangen ist und der um die Welt gehen wird."

„Ich lebe luxuriös, mit der schönsten Frau Augsburgs", formulierte Brecht, schrieb aber gleichzeitig an die Bi, dass er nur sie liebe. In sein Tagebuch schrieb er über „die Mar":

AUF DEM WEGE VON AUGSBURG NACH TIMBUKTU
  habe ich die Marianne Zoff gesehen;
Welche in der Oper sang und aussah
  wie eine Maorifrau
Und im Gras schön war, auch im Bett
  und in den Kleidern schön aussah
Und ich schlief auch mit ihr und
  machte ihr ein Kind.
...
Sie ging aus Freude
Sie sagte einmal zu mir: Debb!
Sie war stolz auf ihre Beine.
...

*Vorherige Seite: Marianne Zoff, Schauspielerin, Brechts erste Ehefrau und für ihn „die schönste Frau Augsburgs".
Links: „… ich füttere sie [Marianne Zoff] mit Schweinefleisch langsam zu Tod."
Rechts: Helene Weigel als Dirne in „Könige" von Hans Müller, 1920, Frankfurt am Main.*

So beschrieb Brecht im April 1921 einen Ausflug mit Mar nach Burgadelzhausen, an dem ihm so ziemlich alles missfiel: „Das Zimmerchen ist kalt, zugig, das Essen gut, aber immer (superbes) Schweinefleisch, bald regnet es, bald scheint die Sonne, immer ist es kalt, und Mar hat die Seekrankheit. Ich rauche, fresse, schlafe mit ihr im großen Zimmer ... Die Bauern lachen über sie, das Zimmer geht nicht. Ich verstaue sie zwischen Ratten, ich bette sie in Kuhdünger, ich füttere sie mit Schweinefleisch langsam zu Tod. Ich bin ein Bazi."

Es kam, wie es kommen musste. März 1921: „Nun kriege ich ein Kind von der schwarzhaarigen Marianne Zoff, der braunhäutigen, welche in der Oper singt. Ich knie mich auf die Erde, weine, schlage mir an die Brust, bekreuzige mich zu vielen Malen ... Mir wird ein Sohn geboren werden. Abermals." Der erwartete Sohn wurde jedoch eine Tochter: Hanne, die Brecht sehr liebte, um die er kämpfte, deren Mutter er heiratete – eine Ehe, die von vorneherein zum Scheitern verurteilt war. Hanne fand in dem Schauspieler Theo Lingen später einen beschützenden Stiefvater. Im Januar 1940 ließ Brecht über den Augsburger Notar Justizrat Otto Linder sein Anwesen in Utting auf seine inzwischen 17-jährige Tochter Hanne übertragen. Als Vormund hatte ihre Mutter zu agieren, die „Nichtjüdin war im Sinne des §5 der ersten Verordnung zum Reichsbürgergesetz vom 14. November 1935 RGBl I, S. 1333".

Ein halbes Jahr nach der Geburt seiner Tochter Hanne schloss Brecht sich in Berlin mit Helene Weigel zusammen, wollte aber keineswegs auf Mar und Bi verzichten. Als ihn endlich „die Bi" und „die Mar" einmal gemeinsam zur Rede stellten, welche er denn nun wirklich zu heiraten gedenke, erklärte er kaltblütig: „Beide!", worauf beide ihn sitzen ließen. Er gewann sie wieder zurück, und als er dann doch nicht Paula heiratete, die ja schon ein Kind von ihm hatte, sondern die zweite Freundin, die schwanger war, versicherte er der ersten schriftlich, er werde sich gleich wieder scheiden lassen und dann sofort sie heiraten. Als er schließlich 1929, ohne jede Vorwarnung an die – inzwischen zahlreicher gewordenen – anderen „Bräute", Helene Weigel heiratete, die auch schon einen „kleinen Brecht" hatte, kam es zu heftigen Reaktionen der Enttäuschung. Elisabeth Hauptmann wollte sich das Leben nehmen, ebenso die Schriftstellerin Marieluise Fleißer. Recht impulsiv war die Verärgerung der schönen Schauspielerin Carola Neher. Sie stand am Berliner Bahnhof zur Versöhnung mit Brecht mit einem Blumenstrauß bereit. Diesen schlug sie dem Treulosen um die Ohren. Aber mit „dem begabten Fräulein Weigel" blieb er für den Rest seines Lebens liiert.

Das begabte Fräulein Weigel – die Wienerin

„Rund wie ein Salzburger Nockerl..."

„Nun dann sagen Sie in Gottes Namen irgend etwas auf! Stellen Sie sich da drüben hin, neben den Kamin, so dass ich Ihr Gesicht sehen kann!" Diese Aufforderung kam vom Direktor der Wiener Volksbühne, Dr. Arthur Rundt. Die gerade 17-jährige Wienerin Helene Weigel nickte, erhob sich und begann vorzusprechen.

„Eine Stimme – eine in Tönen aufgelöste Seele – begann schwach, beinahe flüsternd: ‚Dein Schwert wie ist's von Blut so rot! Edward! Edward!' Die Kraft der brüllenden Wasser des Niagara treibt Dynamos, Sonnenstrahlen werden als Telephondrähte verwendet. Warum nicht aus einer menschlichen Stimme ein neues Metall bilden, edler als Gold, und es zu dauernden Kleinodien für die große, schönheitsdurstende Menschheit umwandeln?

Sarah Bernhardts Instrument ist vom Zahn der Zeit angenagt, Eleonora Duses vom Leid zerbrochen. Aber in der Kehle dieses hässlichen, unbeholfenen neunzehnjährigen Mädchens (das erst siebzehn war) ist der ganze Bann der Erkenntnis des Guten und Bösen enthalten, das Schluchzen und Klagen aller Vögel, das Rieseln

*Oben: Helene Weigel als Leokadja Begbick und Paul Bildt in „Mann ist Mann", Staatstheater Berlin 1931.
Rechts: Dr. Eugenie Schwarzwald, Helene Weigels geschätzte Schulleiterin in Wien.*

aller Wasser, die Farben aller Regenbogen, Orgeltöne und Todesröcheln, die Schreie gebärender Frauen, der Jubel aller Liebes-Ekstase – das alles und noch mehr ist darin enthalten. Eine solche Stimme macht wilde Tiere fromm und friedlich wie Lämmer, bringt erfrorene Pflanzen wieder zum Blühen, macht Steine erbeben."

Diese fast prophetisch zu nennende Hommage schrieb am 26. Mai 1919 die dänische Schriftstellerin Karin Michaelis, die den Vorsprechtermin für Helene organisiert hatte und mit ihr zum Vorsprechen gegangen war. Als Helene die Ballade erst zur Hälfte vorgetragen hatte, ließ Rundt den Vortrag abbrechen. Er sagte: „Ihnen rate ich nicht ab, zur Bühne zu gehen." Unfassbar für die junge Frau, fügte er noch hinzu: „Unterricht brauchen Sie nicht zu nehmen."

Helene Weigel war am 12. Mai 1900 in Wien geboren. Ihre Eltern zählten zu den aus dem Osten zugewanderten jüdischen Familien, ihr Vater Siegfried Weigl (ohne e) war Prokurist in einer Textilfabrik, die Mutter besaß ein Spielwarengeschäft. Als Helene in der Schule immer häufiger antijüdischer Hetze ausgeliefert war, entschlossen sich die Eltern, ihre Tochter in der im Jahr 1901 eröffneten Reformschule der jüdischen Pädagogin Dr. Eugenie (Genia) Schwarzwald, in der Wallnerstraße 9, anzumelden. Es war eine Schule für die Kinder aus Familien der Wiener Oberschicht, und schon damals entstanden Freundschaften, die lange, lange Zeit hielten. So freundete sich Helene mit Alice Herdan, der späteren Ehefrau von Carl Zuckmayer, an. Und schon damals begegneten sich Helene Weigel und Lisl Neumann, die spätere Ehefrau von Berthold Viertel, die im amerikanischen Exil ganz nahe beieinander wohnten und sich gegenseitig brauchten. Eine ihrer Mitschülerinnen sollte später durch Oskar Kokoschka berühmt werden: Maria Lazar wurde von ihm gemalt als die „Dame mit Papagei". Maria teilte mit Helene das Exil in Dänemark, ihre Schwester Gusti, Lehrerin bei Eugenia Schwarzwald, lebte später als Schriftstellerin in der DDR und hatte bis ins hohe Alter Verbindung mit Helene Weigel.

Die Schule abzuschließen, das kam für Helene nach ihrem erfolgreichen Vorsprechen bei Rundt nun nicht mehr in Frage. Sie wollte zum Theater. Sie spielte ihren Eltern Ohnmachtsanfälle vor, hervorgerufen durch „tiefe Seelenqualen", weil sie einem Schulabbruch nicht zustimmen wollten. Sie verliebte sich heftig in Rundt. Obwohl er es nicht für notwendig erachtete, erteilte er ihr höchstpersönlich Schauspielunterricht – und es entwickelte sich sehr schnell eine Liebesromanze zwischen den beiden. Voll Begeisterung schrieb Helene an Karin Michaelis: „Sag, Karin, hast Du nicht gesehen, wie lieb ich Dr. Rundt hatte. Hast Du erfahren, dass er sich von seiner Frau scheiden läßt. Ich bin mitten drin gestanden und pendelte zwischen beiden hin und her. Die beiden finden sich schon irgend wie heraus, besonders er, aber das Kind wird bös und ruiniert, es benutzt schon jetzt mit fabelhaftem Raffinement seine Lage. Sie hat schrecklich gelitten, zumeist an einer Hysterie. Karin, erinnerst Du Dich an unsere Gespräche. Als ich Dir sagte, wie notwendig ich Zärtlichkeit und Liebe brauchte, hast Du mir gesagt, dass ich noch warten sollte, warum? Für mich gibt es die Gefahr, das Verlieren oder Verschlampen wirklich nicht, manchmal staune ich, wie klar und ruhig ich bin."

Helene schaffte es, für die Spielzeit 1919/20 einen Vertrag in Frankfurt am Main am Neuen Theater unter der Intendanz von Arthur Hellmer zu bekommen. Viele Jahre später, 1961, erinnerte sich die Schauspielerin noch an Hellmer: „Es gab zwei große Götter, das eine war Direktor Hellmer und das andere war die Theatersekretärin, Frau Kaiser." Ihr Start in Frankfurt, wo sie dann dreizehn Rollen spielte, war ein wahrer Glücksfall für eine junge Schauspielerin. Hellmer hatte Albert Steinbrück als Gast engagiert und für ihn Büchners „Woyzeck" inszeniert. Und er besetzte die Rolle der Marie mit Helene! Mit diesem Idol spielen zu können, hielt sie für den Anfang einer „Märchenidee von einer Karriere". Sie nannte die Tatsache, dass sie die Marie spielen durfte, eine „Kitschbedingung(en)", denn sie sprang für eine Kollegin ein, die nicht den Mut aufbrachte, die Marie zu übernehmen. Mit dem großen, statt-

lichen und 28 Jahre älteren Schauspieler Albert Steinbrück, dem „wundervollen" Bühnenpartner, begann sehr schnell eine intensive Liebesbeziehung. Er gefiel ihr, sie aber war ihm zu unbeholfen; außerdem wirkten ihre dunklen Haare ungepflegt, und sie erweckte den Eindruck, ein hässliches Entlein zu sein. Doch er begann einiges an ihr zu verändern. Helenes Tochter Barbara Brecht-Schall berichtete, dass Steinbrück ihre Mutter dazu gebracht hatte, eine wenig schöne „Familientradition" zu brechen. Angeblich soll sich nur die Weigelsche Großmutter regelmäßig gewaschen haben: „Helli hat dann sich waschen gelernt bei ihrem ersten Freund, dem Steinbrück, der ihr gesagt hat: ‚Mädchen, ab in die Wanne.' Dann wurde sie Sauberkeitsfanatiker, möchte ich sagen, im Gegensatz zu meinem Vater, der immer ein Ferkel war."

für das Theater zu jüdisch, und so wurde daraus Hermann. Doch dies gefiel dem aus Galizien stammenden Max-Reinhardt-Schüler überhaupt nicht, und er entschloss sich, den Namen Alexander anzunehmen. Sein Idol war sein Vater, der ihn manchmal mit in das Berliner Scheuenviertel, wo das jüdische Proletariat wohnte, mitnahm. Der „König der Ostjuden" ging zusammen mit seinem Sohn in das Restaurant „Appelbaum", und sie aßen dort „gefillte Fisch" mit viel Meerrettich und viel Schnaps. Granach traf in der Atelierwohnung seines Vaters viele interessante Menschen. Bei ihm verkehrten Brecht, Piscator, Heinrich Mann, Klabund, Hesse, Heinrich George, Erich Mühsam. Granach und Weigel: er gefühlsbetont, unabhängig, überschwänglich mit seinen schwarzen Haaren und den brennenden Augen; sie noch im Werden, gerade dem Jungmädchen-

„Da wurde gekocht und gegessen und getrunken und gefeiert."

„Helene Weigel ... ein neuer Name für Frankfurt, auf den wir Hoffnung setzen. Ohne die volle Sicherheit des Fertigen strömte sie Gefühl und Wärme aus, erregte sich zur Wildheit und vergaß sich. Ein wahres Temperament, dem wir Glauben entgegenbringen." So lautete die Kritik zu Helene Weigels Auftritt als Pauline Piperkarcka in Gerhart Hauptmanns Stück „Die Ratten". „Ihr Brüllen, Heulen und Schluchzen" bezeichneten die Kritiker als etwas Überirdisches.

Ab Juni 1922 war Helene Weigel am Staatstheater Berlin engagiert. Dort lernte sie bald Alexander Granach kennen, in den sie sich verliebte. Eigentlich hieß er Jessaja, doch dieser Name war

alter entwachsen und „rund wie ein Salzburger Nockerl". Sie entsprach nicht dem gängigen Schönheitsideal wie etwa Elisabeth Bergner.

Lobpreisungen gab es für die junge Schauspielerin gar viele. Doch manche störte der „feste Dauerschrei", der „Peitschenton", „schmetternd wie eine Fanfare". Hatte ein Kritiker Helene schon als die „lauteste Wienerin" beschrieben, so wurde sie nun von Norbert Falk als die lärmendste Schauspielerin bezeichnet: „Aber dem begabten Fräulein Weigel, das Wert darauf legt, die lärmendste Schauspielerin Berlins zu sein, sollte das gräßliche Schreien schnellstens gelegt werden. Das ist ja zum Davonrennen!"

Oben: Helene Weigel als Frau Ferdys in „Die Bekehrung des Ferdyš Pištora" von František Langer mit Willie Trenk Trebisch (links), Schiller-Theater, Berlin 1931.

Ein ganzes Stück ihres Weges zur erfolgreichen Schauspielerin ging Helene Weigel gemeinsam mit ihrer Freundin aus der Wiener Zeit, Sadie Lewiton, ebenfalls eine Schülerin der Schwarzwald. Sadie lernte durch Helene einen der besten Augsburger Freunde Brechts kennen: Otto Müller, der sich seit 1923 auf Anraten Brechts Müllereisert (Eisert war der Name seiner Mutter) nannte. Müllereisert stammte aus einer bestsituierten Familie und wohnte im vornehmen Stadtzentrum. Wie Brecht ging er nach Berlin und begann im November 1925 dort seine Tätigkeit als Arzt. Nach 1927 heiratete er in zweiter Ehe Sadie Lewiton. Als ihr als Halbjüdin die Deportation drohte, trennte sie sich einvernehmlich von ihrem Mann und emigrierte nach Spanien und später nach Südamerika. Für seinen Zyklus „Furcht und Elend des Dritten Reiches" wurde Brecht durch dieses Ereignis zu der Szene „Die jüdische Frau" angeregt. Als Helene Weigel im November 1922 für zwei kleinere Nebenrollen in „Trommeln in der Nacht" engagiert war, besuchte Brecht mehrere Proben, und es kam zu einer flüchtigen Begegnung mit der jungen Schauspielerin. Von ihr als Schauspielerin hielt Brecht zunächst nicht besonders viel. Ihr Spiel war ihm zu emotional, sie neigte zu Übertreibungen, und vor allem ihre lautstark eingesetzte Stimme stand im Gegensatz zu der von ihm angestrebten epischen Spielweise. Das eigentliche Kennenlernen geschah erst im August 1923. Helene Weigel bewohnte in Berlin eine sehr schöne Atelierwohnung im Dachgeschoss in der Spichernstraße 16, ganz in der Nähe der Wohnung von Arnolt Bronnen, dem engen Freund Brechts. An jenem Abend im August kam das Gespräch zwischen Brecht und Bronnen überhaupt nicht in Fluss, sondern Brecht murmelte ganz in Gedanken vor sich hin: „Eine Schauspielerin müsste man haben." Der beleidigte Bronnen schlug ihm vor, Helene Weigel zu besuchen, und gab ihm eine süffisante Beschreibung ihrer Lebenssituation mit auf den Weg: „Sie rühmt sich eines eigenen, ständig warmwasserversorgten Bades, man rühmt an ihr eine fürtreffliche Wiener Mehlspeisküche." Brecht war einverstanden, die Schauspielerin aufzusuchen, von Bronnen telefonisch ange-kündigt. Und von diesem Abend an wurden Helene und der verheiratete Bertolt Brecht so ganz allmählich unzertrennlich.

Bertolt Brecht und Helene Weigel in Berlin

Und an sich dachte er wohl, als er in den „Geschichten vom Herrn Keuner" erzählt:

„Herr K. zog die Stadt B. der Stadt A. vor. ‚In der Stadt A.', sagte er, ‚liebt man mich; aber in der Stadt B. war man zu mir freundlich. In der Stadt A. machte man sich mir nützlich; aber in der Stadt B. brauchte man mich. In der Stadt A. bat man mich an den Tisch; aber in der Stadt B. bat man mich in die Küche.'"

„Das Kochen lernt sich ja schnell..."

Am 3. November 1924 wurde Brechts Sohn Stefan von Helene Weigel zur Welt gebracht, im folgenden Februar zog sie in eine neue Wohnung in der Babelsberger Straße 52 und überließ Bertolt Brecht die Atelierwohnung in der Spichernstraße. Im Oktober 1928 erfolgte Brechts Umzug in die von Helene Weigel eingerichtete Wohnung in der Hardenbergstraße 10A. Geheiratet haben Helene und Bertolt Brecht am 10. April 1929, die Tochter Barbara kam am 28. Oktober zur Welt. Das gemeinsame Leben in der Reichshauptstadt begann 1925 – und es begann erfolgreich mit Brechts endgültigem Durchbruch mit der „Dreigroschenoper".

Helene Weigel, Bertolt Brecht und Sohn Stefan, etwa 1929.

Die Requisiten der Weigel
...
Mit den Augen der Wissenden
Und den Händen der brotbackenden, netzestrickenden
Suppenkochenden Kennerin
Der Wirklichkeit.

Nimmt man die „Küche" wortwörtlich, dann kann es sich nur um die Küche der Helene Weigel in Berlin handeln. Zeitlebens schaffte es die Schauspielerin, sich um das leibliche Wohl ihrer Familie, ihrer Gäste und ihrer Ensemblemitglieder zu kümmern. Woher konnte sie kochen und dies meistens für mehrere Personen? „Kochen? Gott, ich habe bei meiner Großmutter was gelernt. Ich habe aber erst angefangen, selbst zu kochen, als der Brecht Gäste ins Haus lud ... Das

Kochen lernt sich ja sehr schnell." Diese Aussage machte Helene Weigel, als sie schon längst Intendantin des Berliner Ensembles war und der Literaturwissenschaftler Werner Hecht mit ihr ein Interview über ihren Lebensweg, den künstlerischen und den privaten, führte.

Brecht aß sehr gerne Suppe. Aus der schwäbischen Küche stammen die beliebten Maultaschen, das Rezept dazu finden Sie auf Seite 65.

Es ist bekannt, dass Brecht zeitlebens für die Küche seiner Mutter schwärmte, also für die schwäbische Küche. Wenn es bei Helene Weigel anfänglich nicht so klappte, meinte er, die Weigel könne es eben doch nicht so gut. Aber sie koche wenigstens süddeutsch und sei noch lernfähig. Brecht aß gerne Suppe, das bestätigte seine Tochter Barbara Brecht-Schall. Er bevorzugte Rindssuppe. In den „Flüchtlingsgesprächen" steht:

„Eine gute Rindssuppe geht mit dem Humanismus ausgezeichnet zusammen." Die „Heilige Johanna der Schlachthöfe" verteilt ihren Arbeitern eine dünne Suppe und ermahnt die Ungläubigen, an den eigentlichen Geber der Speise zu denken und sich nicht nur den Wanst zu füllen. Im Stück „Die Mutter" singt die junge Arbeiterin Mascha der Wlassowa das „Lied vom Ausweg" zu. Im weiteren Verlauf des Stückes bekehrt Pelagea Wlassowa in der Gutsküche den Metzger und das Küchenpersonal bei einem Teller Suppe.

Das Lied von der Suppe

I

Wenn du keine Suppe hast
Wie willst du dich da wehren?
Da mußt du den ganzen Staat
Von unten nach oben umkehren
Bis du deine Suppe hast.
Dann bist du dein eigener Gast.
...

Bertolt Brecht bezeichnete sich selbst als einen schlechten Esser, dabei gefielen ihm Leute mit großem Appetit sehr. „Es schien mir ein natürlicher Vorzug, wenn Leute viel und mit Genuss essen konnten, überhaupt viel wünschten, aus den Dingen viel herausholen konnten usw. An mir missfiel mir mein geringer Appetit. Freilich hatte auch ich heftige Wünsche, dies oder das zu besitzen, aber sie waren plötzlich und unregelmäßig, wie sie mir gefallen hätten. Und vor allem: Hatte ich, was ich mir gewünscht hatte, so war ich so bald satt; so daß ich geradezu Unbehagen spürte vor einem Teller mit begehrten Speisen, ich hätte ihn nicht aufessen können, da mein Magen zu klein war. Die Frage war also: Wie sollte ich große und stetige Appetite bekommen?" Über die Gastfreundschaft lässt Brecht „Herrn Keuner" philosophieren: „Wenn Herr K. Gastfreundschaft in Anspruch nahm, ließ er seine Stube, wie er sie antraf, denn er hielt nichts davon, dass Personen ihrer Umgebung den Stempel aufdrückten. Im Gegenteil bemühte er sich, sein Wesen so zu ändern, dass es zu der Behausung passte; allerdings durfte, was er vorhatte, nicht darunter leiden. Wenn Herr K. Gastfreundschaft gewährte, rückte er mindestens einen Stuhl oder einen Tisch von seinem bisherigen Platz an einen andern, so auf seinen Gast eingehen. ‚Und es ist besser, ich entscheide, was zu ihm passt!', sagte er."

Fröhlich vom Fleisch zu essen

Fröhlich vom Fleisch zu essen, das saftige Lendenstück
Und mit dem Roggenbrot, dem ausgebackenen, duftenden
Den Käse vom großen Laib und aus dem Krug
Das kalte Bier zu trinken, das wird
Niedrig gescholten, aber ich meine, in die Grube gelegt werden
Ohne einen Mundvoll guten Fleisches genossen zu haben
Ist unmenschlich, und das sage ich, der ich
Ein schlechter Esser bin.

Im Gedicht „Von den großen Männern", die viele dumme Sachen sagen, erfahren wir von Brecht, wie sehr diese leiblichen Genüssen zugetan waren:

```
2
Die großen Männer essen aber und trinken
Und füllen sich den Bauch
Und die andern Leute hören von ihren Taten
Und essen und trinken auch.
5
Der große Bert Brecht verstand nicht
die einfachsten Dinge
Und dachte nach über die schwierigsten
wie zum Beispiel das Gras
Und lobte den großen Napoleon
Weil er auch aß
```

Einige Zeit schwärmte Brecht leidenschaftlich für Napoleon. Dessen Konterfei und Schlachtenpläne aus den napoleonischen Kriegen hingen an den Wänden seiner Mansarde in Augsburg.

Brecht liebte offensichtlich Spargel. Nicht umsonst will Mackie Messer in der „Dreigroschenoper" als Henkersmahlzeit Spargel. In dem Stück spielt Kulinarisches mehrfach ein Rolle. Zu Beginn ihres Hochzeitsessens versichert Mac seiner Polly, es sei „das beste Essen", das sie an diesem Tag kosten wird, serviert auf schönen Tellern vom „Savoy-Hotel". Und „Hakenfinger-Jakob" verkündet stolz: „Die Mayonnaise-Eier sind von Selfridge. Es war noch ein Kübel Gänseleberpastete vorgesehen. Aber den hat Jimmy unterwegs aus

Wut aufgefressen, weil er ein Loch hatte." Mit Loch ist hier Hunger gemeint. Brecht benützt für Mund auch „Fresskübel". Polly ist begeistert vom Hochzeitsmahl: „Der Lachs ist wunderbar, Mac." Als Mac, der sich auf seine bürgerlichen Tischmanieren viel eingebildet, um sich blickt, sieht er Jakob mit einem Messer in der Hand, obwohl vor ihm eine Forelle auf dem Teller liegt. Mac regt sich darüber auf, dass Jakob den „Fisch mit dem Messer" essen möchte. Von einem Fischmesser scheint Mac doch noch nichts gehört zu haben.

Im zweiten Dreigroschen-Finale findet sich eines der berühmtesten Zitate aus dem Werk von Bertolt Brecht:

zogen waren, wohnten sie ganz in der Nähe von Dr. Emil Herz, Direktor der literarischen Abteilung des Ullstein Verlags. Als er hörte, dass die Feuchtwangers seine neuen Nachbarn waren, gab er ein großes Festessen. Erich Maria Remarque war anwesend und Vicki Baum mit ihrem Mann, dem Dirigenten Richard Lert, Arnolt Bronnen und Bertolt Brecht, kurz, alles, was gerade in Berlin VIP war. Es gab bei „Herzens" berühmt gutes Essen, vor allem Lammrücken wurde besonders lecker zubereitet.

Marta Feuchtwanger berichtete auch über eine Einladung von Eugen Klöpfer zu „Lutter und Wegner", einem alten Restaurant am Gendar-

„Erst kommt das Fressen, dann kommt die Moral."

Mackie Messers Hochzeitstafel fand in einem Stall statt. Tischgemeinschaften kommen in Brechts Theaterstücken häufig vor. Auch Shen Te, in „Der gute Mensch von Sezuan", trifft sich noch vor der geplanten Hochzeit mit dem Flieger zu einer fröhlich-traurigen Tafelrunde. Die Zurückgebliebenen im „Schweyk" zeigen sich als Tischgenossen.

Viel über die Essgewohnheiten des jungen Brecht sagen die Aufzeichnungen von Marta Feuchtwanger aus, einer lebenslangen Freundin von ihm und Helene Weigel. Nachdem Lion und Marta Feuchtwanger von München nach Berlin umge-

Zur Uraufführung von „Die Dreigroschenoper" 1928 in Berlin schrieb Brecht an Erwin Piscator: „Ich hoffe, die 3 groschenoper wirkt aus der Ferne nicht allzu aufreizend!"

menmarkt, in dem schon E. T. A. Hoffmann verkehrt hatte. Man trank Maiwein mit Waldmeisterkraut, und es gab Krebse mit dickem weißem Spargel. „Sogar Brecht, der doch immer etwas spartanisch war, hat es recht gut gefallen." Hier sei angemerkt, dass in Brechts Stück „Baal" die erste Frage lautet: „Essen Sie Krebse? Das ist ein Aalleichnam."

Der Schauspieler Klöpfer war ein großer, starker Mann und übertraf alle sowohl an Appetit als auch an Anekdotenreichtum. Er hatte schon früh in Stücken von Lion Feuchtwanger gespielt, so in Frankfurt die Hauptrolle in „Jud Süß" und später in „Die Petroleuminseln". Marta Feuchtwanger meinte, dass Klöpfer für Brecht ein wichtiger Mann gewesen sei, denn Brecht wurde viel angegriffen und oft sogar verhöhnt.

Marta und Lion Feuchtwanger luden Brecht später in ihre Villa Lazare in der Nähe von Sanary-sur-Mer (Departement Var in Südfrankreich; auf der Halbinsel La Gorguette) ein. Im Einladungsschreiben erwähnte Marta, sie wolle ihm „besonders viel Reis und Kalbfleisch vorsetzen und nur sehr wenig Fische". Anscheinend mochte Brecht keinen Fisch. Er besuchte das Ehepaar tatsächlich, machte mit Marta einen Ausflug nach La Seine, und bei einem Glas Vermouth am Quai erklärte er ihr ernsthaft, er mache sie dafür verantwortlich, dass Lion seinen „Josephus" bloß nicht zu jüdisch-chauvinistisch schreibe.

Unten: Marta Feuchtwanger und Bert Brecht in Lugano, 1933. Ein Foto das auch an schöne Zeiten mit Marta und Lion Feuchtwanger in München und Berlin erinnert. In Brechts frühen Jahren in Berlin waren nur die preiswerten Löffelerbsen bei Aschinger erschwinglich.

Diesen guten Zeiten gingen aber schlechte Zeiten voraus. Bei seinen ersten Besuchen in Berlin hatte Brecht oft ohne keinen Pfennig Geld in der Tasche. Frank Warschauer, ein linker Publizist, der ihn bewunderte, fungierte mit seinen bescheidenen Mitteln als Mäzen. Er stellte Brecht ein Zimmer zur Verfügung und lud seinen Gast gelegentlich zum Essen ein. Einmal kam Marianne Zoff nach Berlin und übernahm Brechts Betreuung. Da gab es eine angebrochene Büchse Ölsardinen, „aus der aßen sie zu dritt mit einer Gabel und pro Kiefer einen halben Fisch". Der dritte Esser war damals Arnolt Bronnen. Brecht zog mehrfach in Berlin, im „kalten Chicago", um. Manche Zimmer fand er zu hässlich und zu teuer. Um es in ihnen auszuhalten, hätte er viel schwarzen Kaffee und Kognak trinken müssen, aber er hatte nicht einmal genügend Geld, um Zigaretten zu kaufen. 1922 ging es ihm gesundheitlich so schlecht, dass er wegen Unterernährung und Harnblutungen durch seine Freundin Hedda in die Charité eingeliefert werden musste.

Aus dem „größten Stadtdschungel" schilderte Brecht einen Tag im November 1921: Am Vormittag schrieb er einen Filmakt, dann lief er zur Universität, weiter zum Theater wegen der Proben, um drei Uhr kam er endlich dazu, im Stehen etwas zu essen. Dann traf er sich mit Klabund, schwatzte mit ihm drei Stunden lang, wobei sie mit einem Jüngling, der die Liköre bezahlte, durch drei Likörstuben zogen. Mit der Untergrundbahn gelangte er dann zur „Scala", wo Ernst Matray und Katta Sterna tanzten. Weiter ging es zu Warschauer im Auto. Endlich wurde dort „soupiert" und Wein getrunken. Anschließend lief Brecht mit Ernst Matray ins Restaurant „Maenz", traf dort mit Granach zusammen, der ihn vielen Theaterleuten vorstellte. Schließlich „gondelte" er um zwei Uhr mit einer Zigarre heim. Ein anderes Mal beschreibt er seinen Tagesablauf mit: rasieren, frieren, Mittagessen.

Brechts Hauptnahrung bestand aus Löffelerbsen bei Aschinger.

Nach seinem endgültigen Umzug nach Berlin änderte sich sein Leben. Im Jahr 1928 kam der große Durchbruch mit „Die Dreigroschenoper". Die erfolgreiche Uraufführung fand am 31. August statt. Nun wurde Brecht berühmt.

Helene Weigel war es zu danken, dass bei allem Umhergetriebensein Brecht, der große Stückeschreiber, Geborgenheit in einer häuslichen Umwelt fand – zum Beispiel mit den gewohnten Gerichten österreichischer und süddeutscher Herkunft. Große Umstürzler brauchen dialektischerweise eben auch konservative Ruhepunkte in allen Veränderungen.

```
5. Eventuell bekommst du Eis
Heißt, daß man es noch nicht weiß.
Eventuell ist überall
Besser als auf keinen Fall.
Aus „Alfabet"
```

In Brechts Kinderliedern und -gedichten geht es auch immer wieder um Essen und Trinken. Über Kinder im Allgemeinen äußerte sich Brecht in seinen autobiografischen Aufzeichnungen von 1923: „Mit Kindern kann man, auch wenn sie so erstklassig wie meine Tochter sind, mit Ausnahme von fotografieren wenig anfangen. Sie sind zu weise und zu defektlos, um interessant zu sein; dem Normalen, An-sich-Befriedigenden gegenüber aber versagt die Beobachtung. Übrigens hat sie die Unermüdlichkeit und den abnormen Konsum von ihrem Vater geerbt. Sie hat Augen, die sie zu einer großen Tragödin machen müssen, wenn sie nicht einfach nur die Merkmale des Unglücks sein werden." Mit der erwähnten Tochter ist Hanne gemeint aus seiner Ehe mit Marianne Zoff. Er liebte sie sehr, sah sie zwar als kleines Mädchen oft, später noch einmal im Exil in Dänemark, und dann erst wieder 1948 in der Schweiz.

Die engste Beziehung zum Vater hatte auf jeden Fall Barbara. Sohn Stefan blieb nach den Exil-

Bertolt Brecht

```
13. Neugieriges Lieschen
Fand ein Radieschen
In Tantes Klavier.
Das Radieschen gehörte ihr.
Aus „Alfabet"
```

Es war einmal eine Maus
Die war einmal nicht zu Haus

Da fischte des Königs Koch
Eine Nuss aus ihrem Loch
Er fischte sie heraus
Und machte für das Schlosspersonal
Ein Mittagessen draus.
Aus „Kleine Lieder für Steff"

Der Ingwertopf

Zu wenig Ingwer
Zu wenig Anstand!
Würde ist etwas Schönes
Ingwer ist etwas Süßes.
Aus „Leben des Konfutse"

und die Kinder

Links: Brechts Tochter Hanne und Sohn Stefan.
Unten: Die „Augsburger Puppenkiste" spielt nicht nur für Kinder, sondern auch Stücke von Brecht für Erwachsene, etwa „Das Verhör des Lukullus" (Erstaufführung 1968). Lukullus steht vor dem steinernen Fries, auf dem sein Triumphzug dargestellt ist.

jahren in den USA. Sohn Frank hatte nicht das Glück, einen treu sorgenden Vater gehabt zu haben. Für Barbara Brecht-Schall war Brecht ein „Sonntagsvater, aber ein sehr guter. Er liebe Kinder, vor allem wenn sie alt genug waren, um ihm schon ein bißchen Partner zu sein. Die Mutter war eine Mutter schlechthin. Unsere Beziehung war wundervoll – abgesehen von einer kurzen Pause in den aufmüpfigen Jahren. Er war da für besondere Angelegenheiten zu Weihnachten, zum Geburtstag." Schon von frühem Alter behandelte Bertolt Brecht seine Kinder als Erwachsene, oft ging er mit Barbara und Stefan in den Zirkus und in das Kino.

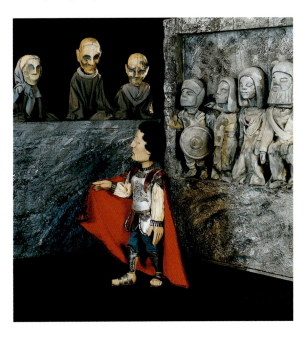

VON A. NACH B. 43

Des Fleischers Frau in Svendborg

Mari Hold – das Augsburger Hausmädchen

Am 2. Mai 1980 starb, 71-jährig, in Svendborg: Maria Ohm, geb. Hold. Sie lebt weiter – in ihren Kindern und Enkeln –, aber auch für viele in jenem Gedicht, mit dem Bertolt Brecht ihr, seiner Haushälterin, die ihn versorgte, die seine Kinder mütterlich betreute, ein literarisches Denkmal gesetzt hat. Maria Hold (geb. 1909), stets nur Mari genannt, wuchs im bayerischen Wolfratshausen auf. Brechts Vater stellte das 14-jährige Mädchen, wie vordem ihre Schwester Josepha (Peppi), um 1922 in Augsburg als Hausmädchen ein. Da Bertolt Brechts Mutter schon 1920 verstorben war, wurde die Hilfe eines dritten Dienstmädchens nötig, wollte man einen ordentlichen Standard an Bedienung für den immer stärker beschäftigten Vater als Direktor, für seine Geschäftsbesuche und für die beiden Söhne aufrechterhalten.

Der junge Brecht hatte eines Tages in seinem Übermut das hübsche Hausmädchen Mari Hold dazu gebracht, ihre Dienstmädchenuniform gegen seine Kleidung zu tauschen, um sie damit zu fotografieren. Dieses Spiel wurde erst 1971 durch ein Interview bekannt, das der dänische Fernsehregisseur Christian Nörregaard mit Mari Ohm geführt hatte. Mit seinem endgültigen Umzug

Die Augsburgerin Maria Hold folgte Brecht nicht nur nach Berlin sondern auch ins Exil nach Dänemark. Dort wurde sie 1934 in Svendborg die Ehefrau des Fleischermeisters Jörg Hendrik Ohm.

nach Berlin wollte Brecht auf keinen Fall seine Bindungen nach Augsburg ganz aufgeben. Er überzeugte die fröhliche Mari, ihn zu begleiten und ihm den Haushalt nach seinen Wünschen zu führen, für ihn so zu kochen, wie er es von Augsburg gewöhnt war. Seine Meinung zu Köchen im Allgemeinen gibt er in seinem Stück "Die Maßnahme" bekannt:

```
So ein Mensch braucht zuviel Fressen
Dadurch wird der Mensch teurer
Um das Fressen zu schaffen, braucht man Menschen
Die Köche machen das Essen billiger, aber
Die Esser machen es teurer.
```

Mari Hold lag Brechts Wohlergehen sehr am Herzen. Ihr Tagwerk begann lange vor dem des Dichters. Sie reinigte die Öfen von der Asche und machte Feuer, holte Milch und Zeitung, anschließend setzte sie Teewasser auf. Der Herr, wie sie ihn nannte, bekam die Zeitung in sein Schlafzimmer gebracht, zugleich zog sie die Vorhänge auf und stellte heißes Wasser zum Rasieren bereit. Brecht wünschte zum Frühstück Haferflocken, deren Zubereitung Mari ganz besonders gut gelang. Dazu servierte sie Tee.

Gäste, die zu Brecht kamen, erkundigten sich oft nach dem „schönen Mädchen", das er dann als „aus Bayern kommend wie er selbst" vorstellte. Am Abend servierte Mari Hold den Gästen belegte Brote und Getränke, leerte die überquellenden Aschenbecher, und sobald Brecht zu Bett gegangen war, lüftete sie die Zimmer und zog die Vorhänge zu. Neben Mari Hold gab es auch noch einen aus Augsburg stammenden Schneider in Berlin, der Brecht und seine zahlreichen Freundinnen zu Sonderpreisen einkleidete. Nachts sahen alle seine Angebeteten gleich aus, denn er ließ ihnen Nachthemden nähen, die denen seiner Mutter in Augsburg glichen: lange weiße altmodische Nachthemden.

Mit seinem Dienstmädchen Mari Hold zog er in eine sehr geräumige Wohnung in der Hardenbergstraße 1a, somit ganz in die Nähe des Kurfürstendammes und der Gedächtniskirche. Mari Hold war vollauf beschäftigt, Kaffee und Erfrischungen zu servieren, wenn die vormittäglichen Arbeitssitzungen liefen, zu denen Elisabeth Hauptmann, Weill oder Hindemith, alte Freunde wie Asja Lacis oder neue Freunde wie Walter Benjamin ins Haus kamen. Mittags ging Brecht dann oft zu Helene Weigel zum Essen und hielt dort unter seinem eigenen Wandbild einen ruhigen Mittagsschlaf. Wenn in Berlin die „Kritischen Marxisten" bei Brecht in der Hardenbergstraße tagten, servierte Mari einen Imbiss und Getränke und brachte anschließend die Wohnung wieder in Ordnung.

Als Helene Weigel die Tochter Marie Barbara am 28. Oktober 1930 zur Welt brachte, bekam das kleine Mädchen „zwei Mütter". Ihre eigene Mutter und Mari. Brecht war der Meinung, dass die Augen des Kindes sehr der von Mari glichen. Für Helene Weigel war es eine große Erleichterung, ihre Tochter von der Augsburgerin versorgt zu wissen, da sie selbst schon bald wieder Theater spielte in dem Stück „Die Maßnahme". Im Urlaub begleitete Mari Hold Helene Weigel mit den Kindern an den Ammersee, eine Gegend, die Brecht sehr liebte und wo er in Utting ein Haus kaufte.

In eine dramatische Situation kam Mari Hold, nachdem sich Brecht mit Frau und Sohn Stefan 1933 nach Prag und anschließend nach Wien abgesetzt hatte. Das Dienstmädchen war damals zu seinen Eltern nach Augsburg zurückgekehrt. Als die Brechts von Berlin weggingen, hielt sich die kleine Barbara bei ihrem Großvater in Augsburg auf. Helene Weigel geriet in Panik und wollte ihre Tochter wiedersehen. Sie rief ihren Schwiegervater an, der völlig verwirrt reagierte, da sich während des Telefonats ein SA-Mann bei ihm in der Wohnung befand. Mari erzählte später, dass jemand von der SA angerufen und nach einem Kind von Brecht gefragt hätte. Mari Hold nahm damals sofort Barbara zu sich und fuhr mit ihr zu ihren Eltern.

Helene Weigel hatte in Wien flüchtig eine Quäkerehepaar kennen gelernt: Donald und Irene Grant, die drei Kinder hatten. Das Ehepaar zögerte keinen Moment, Helene zu helfen: Irene, die ihre Tochter im Pass registriert hatte, fuhr nach Augsburg. Da das Geld knapp war, musste sie dritter Klasse reisen. Auf einem kleinen Bahnhof in der Umgebung von Augsburg übergab Mari die Kleine der fremden Frau aus Wien, die aber nicht nach Wien mit ihr fuhr, sondern nach Basel. Dort nahm Helene Weigel ihre Tochter in Empfang und brachte sie nach Wien. Als Helene Weigel mit den Kindern zu Brecht nach Carona reiste, entschied sich Mari Hold, dorthin nachzukommen, wo sie allerdings ziemlich krank wurde. Brecht

Unten: Barbara Brecht-Schall im Gespräch mit Mari Ohm, geborene Hold, in Svendborg im Jahr 1978.
Zu Maris Hochzeit widmete ihr Brecht ein Dankgedicht:
Von Augsburg kommend
Sagten Sie einmal schauernd, Sie haßten Kinder, aber
Als die Barbarische erschien, hatte sie Ihre Augen und bald
Hatte sie zwei Mütter.
Rechts: Karin Michaelis, die junge erfolgreiche dänische Schriftstellerin, 1905.

kümmerte sich rührend um sie, seine Frau zeigte sich weniger gefühlvoll: „Helli – sie hat das ganz leicht genommen, so was. Sie wusste nicht, was Kranksein heißt. Ihr fehlte nie etwas. Aber Brecht hat immer ganz großes Verständnis." Als Brecht am 3. Juni wieder nach Paris fahren musste, um an den Proben für „Die sieben Todsünden der Kleinbürger" teilzunehmen, reiste Helene Weigel mit Mari und den beiden Kindern über Frankreich und das belgische Antwerpen zur dänischen Insel Thurö. In einer zauberhaften Frühlingszeit kamen sie dort an, wo sie die Sommermonate kostenlos in der Karin Michaelis gehörenden Villa Torelore verbringen durften. Karin Michaelis freute sich immer, wenn „die Bande", bestehend aus Helli, „umschlungen mit ihrem hübschen, feschen bayrischen Dienstmädchen" zu ihr kam. Karin Michaelis bot den Kindern Apfelkompott und den Erwachsenen Johannisbeerschnaps an.

Da es nicht möglich war, wegen der hohen Ansteckungsgefahr, Brechts Mitarbeiterin und Geliebte, die schwer lungenkranke Margarete Steffin, in Dänemark in das Haus aufzunehmen, war Helene Weigel, zusammen mit Mari Hold, durchaus bereit, für diese mitzukochen. Brecht brachte das Essen mit dem Auto zu Margarete, fuhr dann wieder nach Hause, um mit der Familie zu speisen.

In Dänemark ging die Arbeit für Mari Hold weiter wie in Augsburg und Berlin. Die Arbeit im Haushalt in Dänemark war allerdings aufgeteilt. Es gab eine Hilfe für das Wäschewaschen und eine für das Geschirrspülen. Da Helene Weigel fast ausschließlich zu Hause tätig war, kochte sie oft selbst oder überwachte das Kochen ihrer eigenen Rezepte. Mari half dabei und war für diejenigen Speisen zuständig, die Brecht schon in Augsburg besonders geschätzt hatte.

Da Brecht leicht fror, mussten die Öfen sehr früh am Morgen angeheizt werden, damit es warm genug war, wenn sie dem „Herrn" das Frühstück servierte. Die Toilette im Haus war primitiv und musste täglich geleert werden.

Als Mari Hold Jahrzehnte später das Gedicht „Das Lied vom Klassenfeind" zu Gesicht bekam, wunderte sie sich sehr, vor allem, als sie die erste Strophe las:

```
Als ich klein war, ging ich zur Schule
Und ich lernte, was mein und was dein
Und als da alles gelernt war
Schien es mir nicht alles zu sein.
Und ich hatte kein Frühstück zu essen
Und andre, die hatten eins:
Und so lernte ich doch noch alles
Vom Wesen des Klassenfeinds.
```

Die Sache mit dem Frühstück hat sie sehr gestört, denn mit zwei Dienstmädchen und einer Hausdame in Augsburg, da gingen die Brecht-Buben nie ohne Frühstück aus dem Haus. Als sie hörte, dass Brecht behauptete, er würde auch ohne Hauspersonal leben können, da war sie mit dieser Aussage nicht einverstanden. Es handelte sich um das berühmte Gedicht „Verjagt aus gutem Grund" aus den „Svendborger Gedichten".

Brecht sei des Bedientwerdens überdrüssig geworden, habe seine Klasse verlassen und sich zu den geringeren Leuten gesellt? Mari Ohm lachte herzlich darüber, dass dieses lyrische Ich mit dem realen Brecht verwechselt werden konnte. Brechts ehemalige Hausangestellte jedenfalls zitierte später einmal die Zeilen über den Verzicht aufs Bedientwerden mit „brechtisch gefärbter Ironie". Sie jedenfalls wusste zu genau, was von seiner angeblichen Absage an ein bürgerliches Klassenbewusstsein zu halten war. Mit einer ähnlichen Selbstdarstellung beginnt auch ein späteres Gedicht:

Ich, Bertolt Brecht, Sohn bürgerlicher Eltern
Hab diesen Sommer im Gefühl, die Zeit sei knapp
Durchblättert mein Gewissen Seit für Seite ...

Beide Gedichte sind eine Mischung aus Selbststilisierung und Selbsterniedrigung. Bei Brechts protestantischer Bibelfestigkeit kann in diesen Gedichten das christliche Modell des „Wer sich selbst erniedrigt, wird erhöht werden" deutlich durchschimmern sehen. Als Brecht in Washington vor dem Kongressausschuss für unamerikanische Betätigung aussagen musste, sagte er stolz: „Ich bin geboren in Augsburg (Deutschland), als Sohn eines Fabrikdirektors." Der Vater wurde zwar erst später Direktor, doch es war die Zeit, in der auch Mari im Hause Brecht arbeitete. Brecht erinnerte sich im Exil: „Auf der einen Seite der Wiese standen Holunderbüsche. Die Arbeiterfrauen der Kolonie schnitten im Frühjahr die Zweiglein mit den Beeren, tunkten sie in Pfannen mit Milchteig und buken Holderküchlein." Mari buk sie auch.

Im Exil in Dänemark lieferte der Fleischermeister Jörg Henrik Ohm aus Svendborg seine Waren direkt ins Haus der Brechts. Und dabei entspann sich ein Techtelmechtel mit Mari, das zu einer Hochzeit führte. Bei der Vermählungsfeier waren Helene Weigel, ihre Freundin Maria Lazar sowie Karin Michaelis anwesend. Letzterer hatte Mari die Vermittlung dieser Verbindung zu verdanken. Durch diese Heirat wurde für Mari auch noch das Problem gelöst, den dänischen Gesetzen zufolge ohne eine Arbeitserlaubnis bei Brecht angestellt zu sein. Bei Interviews betonte Mari, wie gut es ihr sowohl beim Vater Brecht als auch beim Sohn Brecht gegangen ist. Auf die Frage, ob Brecht sie gemocht habe, antwortete sie: „Er liebte es, wenn man einen guten Humor hatte, und also gut aufgelegt war, und wenn man einen richtig guten Witz machen konnte." Sie hatte ihm das Versprechen abgenommen, sie nachzuholen, wenn er das Vaterhaus verlassen würde. Brecht hatte dies eingelöst, als er sie zu sich nach Berlin in die Hardenbergstraße nachkommen ließ.

Mari Hold hatte Brechts Kinder Stefan und Barbara sehr gerne. In Svendborg machte sich Stefan durch Prügel mit einem dänischen Buben bekannt, der dann sein Freund wurde. Barbara entpuppte sich als entzückendes Kind, das sogar allein in dem kleinen Ort spazieren ging. Für sie war Mari Hold eine wichtige Bezugsperson, die sie oft genug „Mutti" nannte. Später sagte sie zu diesem Thema: „In einer Welt, wo alles wackelte, hat sie in unserer kleinen Welt eine gewisse Stabilität geschaffen."

Bertolt Brecht schrieb „Das Dankgedicht an Mari Hold zum 5. Oktober 1934", in dem er die Abschnitte ihres Lebens darstellt sowie ihre zuverlässige und umsichtige Arbeit würdigt. Die Hochzeit von Maria Hold fand erst am 5. November statt. Brecht hatte sich beim Monat geirrt. Er hielt sich damals in England auf.

Diese in der Familie Brecht so geliebte Mari Hold kann durchaus das Modell gewesen sein für jenes Dienstmädchen Anna im „Augsburger Kreidekreis", ein Stück das Brecht 1940 geschrieben hat.

Links: Blick in den „Goldenen Saal" des Augsburger Rathauses, in dem die Gerichtsverhandlung in Brechts „Augsburger Kreidekreis" abgehalten wird.
Unten: Brecht posiert 1917 als „zweiter Schiller" vor dem Augsburger Stadttheater, in einer leeren Nische, in der zuvor eine Statue des Klassikers stand.

Bertolt Brecht und das Bier

Im Leben und im Werk von Bertolt Brecht ist Bier das meistgenannte Getränk. In der von ihm herausgegebenen Schülerzeitschrift „Die Ernte" No. 4 vom November 1913 wurden bereits die Vorzüge des „Bayerischen Bieres" gewürdigt:

Bayerisches Bier

Führest beharrlich zum Munde den Krug
voll schäumenden Bieres:
Wahrlich, ich seh' dich entzückt
über dies köstliche Naß.

Der Verfasser dieser Zeilen war der aus Passau stammende Wilhelm Kölbig, der seit dem Schuljahr 1911/12 zusammen mit Brecht die Schulbank im Realgymnasium in Augsburg drückte. Zum Mittagessen trank Brechts Vater ein Glas Wein, zum Abendessen einen halben Liter Bier. Meistens holten die beiden Buben das Bier, entweder von der Gastwirtschaft „Zum Eisernen Kreuz" in der Brückenstraße oder im „Sonnenhof" in der Klauckestraße. Zu zweit mussten sie gehen, weil es unterwegs oft Kämpfe gab, bei denen sie, allein und mit vollem Krug, von den Angreifern wehrlos angetroffen worden wären. In seinem Gedicht „Augsburg" ließ Brecht „ein paar kleine Mädchen" Bier holen. Als Gefäß für das Bier diente entweder ein offenes Bierglas mit gläsernem Henkel oder ein mit dem Brechtwappen versehener irdener Krug, der einen kräftigen, hellen Zinndeckel trug. Das Bierglas fasste einen halben Liter. Der Viertelliter, wie ihn die Hausfrau gern zum Vesperbrot trank – auch die Bezeichnung Brotzeit klang bei Brechts zu vulgär –, hieß Schoppen. Er kostete 5 Pfennig. Man schätzte eine stabile Schaumkrone und trank das Bier nicht so kalt wie heute. Augsburger Bier hatte einen vorzüglichen Ruf. Die Kenner fanden es dem Münchner Bier überlegen. Bekannte Brauereien waren „Zur Goldenen Gans", „Hasenbräu", „Riegele", die Brauerei „Stötter" in der Jakobervorstadt und viele andere. Da das Bier frisch aus dem Fass am besten war, hielten sich die Männer gerne in den Wirtschaften auf. Auch Brechts Vater ging abends häufig aus und sprach mit seinen Freunden dem Bier zu, sei es in der „Liedertafel" und im Café „Kernstock" oder beim Kegeln.

Bertolt Brecht liebte das Streunen durch Augsburgs größtes Volksfest, den Plärrer, und er besuchte mit großer Begeisterung das Münchener Oktoberfest, der größte Bierfest der Welt. Dort floss das Festbier reichlich für ihn und seine Freude. Besonders vergnügliche Stunden verbrachte er dort mit der großen Schauspielerin Therese Giehse. Was sonst als Bier sollte Brecht „trunken" gemacht haben, wie es im „Plärrerlied" aus dem Jahr 1917 heißt:

Nun bin ich trunken, Mädel.
Und trag zu aller Hohn
Statt meinem alten Schädel
Einen neuen Lampion.

„Die Ballade vom Liebestod" und die Augsburger „Aktienbrauerei Zum Hasen" schrieb Brecht 1921 – „Dem Andenken an das Liebespaar Franz Dieckmann und Frieda Lang aus Augsburg" ge-

Oben: Weinstubenschild an der Fassade der „Ecke-Stuben". Gezeigt werden als Gäste: W. A. Mozart, der bayerische Hiasl, Rudolf Diesel und Bert Brecht.
Unten: Werbeprospekt für das Münchner Geschenkkistchen von 1954, das Brecht mit großer Freude entgegennahm.

widmet. Bei dieser Dichtung geht es um Personen, die tatsächlich existierten. Bei Frieda Lang sind die Spuren verwischt, anders bei Franz Dieckmann, der 1887 als mittelloser Brauereipraktikant nach Augsburg kam, um dort die Leysersche Brauereischule zu besuchen. Neben dem Schulbesuch arbeitete Dieckmann als Praktikant bei der „Brauerei Zum Hasen", wo er Marie Rösch, die Tochter des angesehenen Besitzers der Hasenbrauerei, kennen lernte. Ihr Herz gewann er schnell. Schon im April 1889 fand die Hochzeit statt. Getuschelt wurde allerdings schon vor der Hochzeit, dass es sich nicht um eine Liebesheirat

In der „Ballade vom Liebestod" findet sich ein Hinweis, der augenzwinkernd, aber eindeutig den Bezug zum Autor herstellt: Jener Liebhaber, gewissermaßen Franz Dieckmanns literarisches alter Ego, der der Partnerin seine Liebe versichern muss, raucht nämlich Zigarren, und zwar Virginias, nichts anderes als eines der Markenzeichen Brechts. Rechts: Bertolt Brecht, Ende der 1920er Jahre.

1983 existierte, doch seine Verschwendungssucht steigerte sich ins Uferlose. Schließlich wurde die Ehe im April 1901 unter skandalösen Umständen geschieden. Diese Episode spielte zwischen 1888 und 1891, spiegelt ein Stück Geschichte von Augsburg größter Brauerei und endete mit einem handfesten Skandal.

„Die Zigarren (für mich Produktionsmittel) werden unerschwinglich. Alles und jedes zeigt die wachsende Macht des Dritten Reiches."

handelte, sondern das Vermögen der Braut den Ausschlag gab. Der Schwiegervater hatte damals in Augsburg drei Häuser ersteigert und ließ sie als gemeinsamen Besitz unter den Namen Rösch und Dieckmann ins Grundbuch eintragen. In einem der Häuser, gelegen im Brauereigässchen, wohnte Rösch mit Tochter und Schwiegersohn. Dieckmann wurde einer der sechs Aufsichtsräte und Teilhaber der außerordentlich expandierenden Brauerei. Das Familienglück schien perfekt, als am 8. Mai 1890 die Tochter Maria Elisabeth geboren wurde, die jedoch im zarten Alter von zwei Jahren leider verstarb. Doch da wohnten die Dieckmanns schon in Koblenz. Dieckmanns Frauengeschichten in Augsburg waren unerträglich geworden. Ein Skandal jagte den anderen, was sich in Koblenz nicht änderte.

Franz Dieckmann gründete zwar die „Klosterbrauerei" in Metternich bei Koblenz, die bis

Wer die „Ballade vom Liebestod" richtig lesen will, der hat zu beachten: Zum einen stellt sie eine Parodie auf den „Liebestod" in Richard Wagners Oper „Tristan und Isolde" dar. Bekannt ist, dass Brecht in seiner Mansarde in Augsburg auf einem Notenpult zeitweise eine aufgeschlagene Partitur von „Tristan und Isolde" liegen hatte und dass er sehr früh eine Abneigung gegen Wagners Kunst und die Wirkung seiner Musikdramen entwickelte. Zum anderen liegt dem Gedicht die traurig endende Liebesbeziehung zwischen Franz Dieckmann und Frieda Lang aus Augsburg zugrunde.

Um 1926 schreibt Brecht: „Ich habe gehört, daß ich im Norden Berlins in einem Bierlokal Antonius und Kleopatra inszenieren werde. Das wäre bestimmt sehr nett von mir. Auf das Bier würde ich am wenigsten Wert legen. Trotzdem glaube ich, daß der Ausschank von Getränken in irgend-

einem renommierten Berliner Theater, nicht aber bei mir, jede Aufführung eines ernsthaften Stückes vollkommen unmöglich machen würde. Ich behaupte sogar, daß ein einziger Mann mit einer Zigarre im Parkett einer Shakespeare-Aufführung den Untergang der abendländischen Kunst herbeiführen könnte."

Das Foto des fröhlich Bier trinkenden Schriftstellers Oskar Maria Graf (geb. 1894 in Aufkirchen, gest. 1967 in New York) zusammen mit Bertolt Brecht entstand 1943 nicht etwa in Bayern, sondern in New York. Die beiden kannten sich aus Brechts Münchener Zeit. Für den Deutschen Freiheitssender hatte Brecht die Satire „Die Bücherverbrennung" geschrieben. Er geht dabei auf den Artikel von Oskar Maria Graf „Verbrennt mich!" vom 12. Mai 1933 in der „Wiener Arbeiterzeitung" ein, in dem Graf von den Nazis die Verbrennung seiner Bücher verlangt. Grafs Bücher waren nämlich nicht der Bücherverbrennung durch die Nazis zum Opfer gefallen, sondern deren Lektüre wurde sogar empfohlen. Das konnte Graf nicht ertragen.

Brecht schrieb voll Bewunderung zu diesem Geschehen das Gedicht „Die Bücherverbrennung" und nannte Graf:

„Ein verjagter Dichter, einer der besten ..."

Oskar Maria Graf emigrierte 1934 nach Wien, dann nach Prag; 1938 floh er über die Niederlande in die USA. Im Oktober desselben Jahres wurde er in New York Präsident der German American Writers Association. Am 13. Dezember 1938, anlässlich eines Kunstabends dieses Schutzverbandes in New York, sprach Oskar Maria Graf

über die Aufgaben der Emigration, und dabei wurden Gedichte von Bertolt Brecht gelesen.

Oskar Maria Graf und Bertolt Brecht trafen sich am 14. Juni 1942. Wegen des großen Erfolgs der Aufführung von Szenen aus „Furcht und Elend des Dritten Reiches" fand im New Yorker Palm Garden Theater eine weitere Aufführung statt. Oskar Maria Graf verlieh dort Literaturpreise an die in New York lebenden Autoren Fritz Zorn, Hilde Schottländer und Hans Marchwitza.

Noch einmal sind sich die Dichter begegnet: im April 1943, wieder in New York. Diesmal bei dem Verleger Wieland Herzfelde, der einen winzigen Markenladen (Seven Sea Books) führte und die Gründung eines neuen Verlages mit dem Namen „Tribüne" plante. Brecht schlug dagegen „Aurora" vor und sandte später an Herzfelde das von ihm zu diesem Zweck geschriebene Gedicht

Links: Oskar Maria Graf und Brecht in New York, 1943. Oben: Das Oktoberfest, 3.11.1985 (Einhundertfünfundsiebzig Jahre Nationalrausch), von Michael Mathias Prechtl. Darin sind u.a. Oskar Maria Graf, Wladimir I. Lenin, Bertolt Brecht, Liesl Karlstadt und Karl Valentin zu sehen.

„Aurora". Der „Aurora-Verlag" wurde Anfang 1944 von Herzfelde, Oskar Maria Graf und weiteren exilierten Schriftstellern tatsächlich gegründet. Bei einem gemütlichen Zusammensein floss viel Bier, was Graf mit einem Maßkrug in der Hand und fröhlich lachend auf einem Foto demonstriert. Brecht im Anzug mit Krawatte lächelt etwas säuerlich dazu. Brechts Kommentar zu seinem Schriftstellerkollegen: „Graf, der kein Wort Englisch gelernt hat, ist etwas vereinsmeierisch, dick, hinterfotzig und glaubt an jahrzehntelange Reaktionsperiode."

Im Dezember 1954 erhielt Brecht von dem späteren Theaterwissenschaftler und Kritiker Ernst Schumacher eine Sendung bayerischen Bieres aus München und bedankte sich dafür mit dem Geständnis: „Ich trinke Paulaner mit Rührung." Er versuche aber, „diese Orgien" aus seiner Heimat in „gewissen Grenzen" zu halten; sie brächten ihm „zu Gedächtnis", dass er „ja eigentlich im Exil lebe, wenn auch ein einem sehr freiwilligen". Brecht beauftragte 1955 seine Mitarbeiterin Käthe Rülicke, sich beim Stellvertretenden Kulturminister um eine Einfuhrgenehmigung für bayerisches Bier zu bemühen, und zwar für hundert Flaschen pro Monat. Frühere Anträge waren bereits abgelehnt worden, da die Einfuhr von Luxusgütern aus westlichen Ländern verpönt war. Außerdem gab man Brecht zu verstehen, dass es auch in der DDR gutes Bier gäbe.

„Brecht kann aber das Pilsner Bier gar nicht vertragen und besteht auf seinem Münchener", schrieb Käthe Rülicke, woraufhin der persönliche Referent des Kulturministers den Antrag nachdrücklich befürwortete, mit der Begründung:

Paul Hamann, Bertolt Brecht, 1930, Bronze, ausgestellt im Augsburger Brechthaus (folgende Doppelseite). Hier wurde Eugen Berthold Friedrich Brecht am 10. Februar 1898 geboren, seit 1985 eine Gedenkstätte. Die rote Brechtsilhouette geht auf einen Scherenschnitt von Lotte Reiniger, Berlin, in den 20er Jahren zurück.

zielle Einfuhr des Bieres verzichten, doch seine Haushälterin besorgte es ihm aus Westberlin, gerade mal 300 m von seiner Wohnung in der Chausseestraße entfernt. Einen erneuten Versuch, legal an Bier zu kommen, startete Brecht im April 1956. Er schrieb an die Radeberger Exportbrauerei: „Ich bin Bayer und gewohnt, zum Essen Bier zu trinken. Nun ist das Bier in der Deutschen Demokratischen Republik im Augenblick wirklich nicht mehr gut, außer Ihrem *Radeberger Pilsner (Export).*" Diese Sorte wurde zwar in der DDR hergestellt, war aber nicht überall zu kaufen. Brechts Bitte um eine Lieferung von zwei Kästen pro Monat für einige Zeit wurde ihm erfüllt. Die erste Lieferung erhielt er einen Monat vor seinem Tod.

Brecht hatte die Angewohnheit, bei Theateraufführungen weder in den Theatersaal und noch nicht einmal hinter die Kulissen zu gehen. Er saß

„Herr Brecht, Stalinpreisträger und Nationalpreisträger, benötigt Bier zur Erhaltung seiner Gesundheit und seiner Schaffenskraft."

Die Einfuhrgenehmigung wurde daraufhin erteilt. Am 20. Juli 1955 bestellte Brecht bei der Westberliner Bier-Import GmbH 50 Flaschen „Spatenbräu hell" und 50 Flaschen „Thomasbräu hell Urtyp". Obwohl alle Formalitäten in Ordnung schienen, kam Brecht auf legalem Wege doch nicht zu seinem bayerischen Bier. Die Bürokratie herrschte vor. Somit musste er zwar auf die offi-

dann irgendwo, trank Bier und rauchte seine ewige Zigarre. Nach der Vorstellung ließ er sich dann in allen Einzelheiten berichten.

Zu Auslandsreisen mit Helene Weigel und dem Berliner Ensemble wurde immer Berliner Pils mitgenommen, zusammen mit Radeberger Export und Halberstadter Würstchen, die Helene Weigel besonders gerne aß.

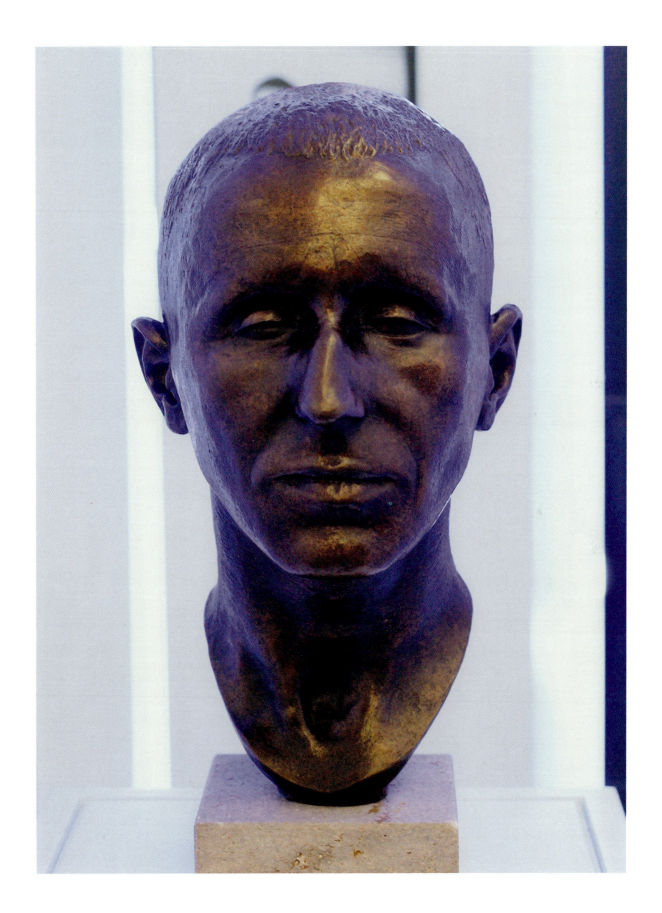

Bierkäsesuppe

Für 4 bis 6 Personen

4 ZWIEBELN

3–4 EL BUTTER

2 KNOBLAUCHZEHEN

1 FLASCHE KÖNIG LUDWIG DUNKEL ODER EIN ANDERES UNTERGÄRIGES DUNKLES BIER

800 ML GEMÜSE- ODER RINDERBRÜHE

SALZ

MUSKATNUSS

12 DÜNNE SCHEIBEN DUNKLES BAUERNBROT

300 G GRUYÈRE DER COMTÉ, FEIN GERIEBEN

■ Die Zwiebeln in feine Ringe schneiden. Den Knoblauch sehr fein würfeln. In einem großen Topf 2 Esslöffel Butter zerlassen und darin die Zwiebelringe mit den Knoblauchwürfelchen goldgelb dünsten. Mit etwas Salz und einer kräftigen Prise frisch geriebener Muskatnuss würzen. Das Bier zugießen und unter Rühren 1 bis 2 Minuten aufkochen lassen. Die Brühe hinzufügen und das Ganze bei mittlerer Hitze etwa 10 Minuten köcheln lassen.

■ Den Backofen auf 220 °C vorheizen. Eine Auflaufform dick mit Butter einfetten und mit Brot auskleiden, wobei der Boden ganz und die Wand der Form weitgehend bedeckt sein sollten. Ein Drittel des Käses gleichmäßig auf dem Brot verteilen und eine Schöpfkelle Brühe darüber geben. Den Käse mit Brot abdecken und ein weiteres Drittel des Käses darauf streuen und diesen wiederum mit etwas Brühe tränken. Die restlichen Brotscheiben einlegen und erst die Zwiebeln, dann den restlichen Käse darauf verteilen. Die restliche Brühe hinzufügen und die Bierkäsesuppe im vorgeheizten Ofen 10 bis 15 Minuten goldgelb überbacken. Sofort servieren.

Rindssuppe mit Frittaten

Für 4 bis 6 Personen

Für die Suppe

2 MITTELGROSSE ZWIEBELN

1 STANGE PORREE

1 MÖHRE

1/4 KNOLLENSELLERIE

1 PETERSILIENWURZEL

1 KG SUPPENKNOCHEN (»FLEISCHKNOCHEN«)

500 G SUPPENFLEISCH (HOCHRIPPE)

1 LORBEERBLATT

5 SCHWARZE PFEFFERKÖRNER

2 NELKEN

1 MUSKATBLÜTE (MACIS) ODER 1 PRISE GERIEBENE MUSKATNUSS

1 KRÄFTIGE PRISE SALZ

Für die Frittaten

50 G MEHL

1/8 L MILCH

1 EI

1 PRISE SALZ

1 KLEINE PRISE FRISCH GERIEBENE MUSKATNUSS

BUTTER

Zum Garnieren

2 EL SCHNITTLAUCHRÖLLCHEN ODER FEIN ZERKLEINERTE FRISCHE PETERSILIE

✺ Für die Rindssuppe die Zwiebeln nur von den losen Schalen und den Würzelchen befreien. Das Gemüse putzen und grob zerkleinern. Die Zwiebeln und das Gemüse mit allen restlichen Zutaten in einen großen Topf geben und mit kaltem Wasser bedecken (das Wasser sollte etwa 2 cm hoch über den Zutaten stehen). Das Ganze bei mittlerer Hitze langsam zum Kochen bringen, dabei den aufsteigenden Schaum abschöpfen. Die Hitze schnell verringern und einen Schuss kaltes Wasser in die Brühe geben. Den Topf zudecken, aber einen Holzkochlöffel zwischen Topfrand und Deckel legen. Die Brühe etwa 2 Stunden leise köcheln lassen, bis sich die Fleischreste leicht von den Knochen lösen lassen.

✺ Die Brühe etwas abkühlen lassen, dann zunächst durch ein Sieb abgießen (die groben Zutaten bis auf das Fleisch wegwerfen), anschließend ein großes Sieb mit Küchenpapier auslegen und die Brühe nochmals abseihen. Zum Entfetten die Brühe vollkommen erkalten lassen und die erstarrte Fettschicht abheben.

✺ Für die Frittaten alle Zutaten außer der Butter zu einem sämigflüssigen Teig verarbeiten. In einer beschichteten Pfanne bei mittlerer Hitze etwas Butter zerlassen und nacheinander vier dünne, beidseitig goldgelbe Pfannkuchen langsam ausbacken. Pro Pfannkuchen dauert das 7 bis 9 Minuten. Die Pfannkuchen so heiß wie möglich eng zusammenrollen und auskühlen lassen.

✺ Kurz vor dem Servieren die Pfannkuchenrollen in dünne Scheiben schneiden, die entrollt lange, schmale Streifen – die Frittaten – ergeben. Die Brühe erhitzen, mit Salz und Muskatnuss abschmecken.

✺ Zum Servieren die Frittaten in vorgewärmte Teller geben und mit kochend heißer Rindssuppe übergießen. Schnittlauchröllchen darüber streuen. Nach Belieben etwas von den mageren Fleischteilen in feinen Würfeln hinzufügen.

Schwäbische Hochzeitssuppe

Für 6 bis 8 Personen

✱ Für die Flädle die Milch mit dem Ei verquirlen, dann das Mehl einrühren, bis ein sämig-flüssiger Teig entstanden ist Mit etwas Salz würzen. Den Teig 30 Minuten ruhen lassen.

✱ In eine vorgewärmte Pfanne etwas Butterschmalz geben. Die Zwiebel auf eine Gabel spießen und die Pfanne mit der Schnittfläche der Zwiebel ausstreichen. Aus dem Teig hauchdünne Pfannkuchen goldgelb backen, dabei die Pfanne immer wieder mit der frisch angeschnittenen Schnittfläche der Zwiebel ausstreichen und bei Bedarf ein wenig Butterschmalz hinzufügen. Jeden Pfannkuchen so heiß wie möglich fest einrollen. Die angekühlten Pfannkuchenrollen in feine Scheiben schneiden, sodass Spiralen entstehen. (Diese nicht entrollen!)

✱ Für die Maultäschle den Teig wie im Rezept beschrieben zubereiten, 3 x 3 cm große Quadrate herstellen und in sprudelndem Salzwasser 5 bis 6 Minuten garen, bis sie an die Oberfläche schwimmen. Herausheben und abtropfen lassen.

✱ Für die Markklößle das Mark 30 Minuten wässern, dann in der Milch garen, bis es glasig wird. Das Ganze durch ein Sieb passieren und mit der Butter schaumig rühren. Eier und Petersilie einrühren und so viel Mutschelmehl zugeben, bis ein geschmeidiger Teig entstanden ist. Aus dem Teig haselnussgroße Klößchen formen und diese in kochend heißer Brühe 5 bis 6 Minuten gar ziehen lassen. Herausheben und abtropfen lassen. (Diese Brühe anderweitig verwenden.) Kurz vor dem Servieren die Rindssuppe erhitzen.

✱ Zum Servieren eine kleine Menge jeder Beilage auf vorgewärmte Suppenteller anrichten und heiße Rindssuppe darüber gießen. Schnittlauchröllchen und Möhren-Julienne darüber streuen und einen Hauch Muskatnuss frisch darüber reiben.

1,5 L RINDSSUPPE, ENTFETTET UND GEKLÄRT (REZEPT SIEHE SEITE GEGENÜBER)

Für die Flädle

1/8 L MILCH

1 EI

80 G MEHL

SALZ

1/2 ZWIEBEL, GESCHÄLT

BUTTERSCHMALZ

Für die Maultäschle

SIEHE REZEPT SEITE 65

Für die Markklößle

50 G RINDERKNOCHENMARK

3 EL MILCH

30 G WARME ZERLASSENE BUTTER

2 EIER

1 TL FEIN ZERKLEINERTE PETERSILIE

MUTSCHELMEHL ODER FEINE SEMMELBRÖSEL

SALZ

1/2 L FLEISCHBRÜHE

Zum Garnieren

SCHNITTLAUCHRÖLLCHEN

MÖHREN-JULIENNE (IN FEINE STREIFEN GESCHNITTENE BLANCHIERTE MÖHREN)

MUSKATNUSS

Schwäbischer Kartoffelsalat

Für 4 Personen

1 KG FESTKOCHENDE KARTOFFELN

1 MITTELGROSSE ZWIEBEL, IN SEHR FEINE WÜRFEL GESCHNITTEN

1/4 L FLEISCH- ODER GEMÜSEBRÜHE

5 EL ESSIG

SALZ

1 PRISE ZUCKER

1 EL SENF

4 EL SONNENBLUMENÖL

PFEFFER AUS DER MÜHLE

Zum Garnieren

SCHNITTLAUCHRÖLLCHEN ODER FEIN ZERKLEINERTE FRISCHE PETERSILIE

■ Die Kartoffeln waschen und in der Schale garen. Abgießen, etwas abkühlen lassen und die Schale abziehen. Die Kartoffeln in 3 bis 4 mm dicke Scheiben schneiden und diese in eine große Schüssel geben.

■ Für die Salatsauce die Brühe zum Kochen bringen, vom Herd nehmen und die Zwiebeln, den Essig, etwas Salz, den Zucker, den Senf und das Öl nacheinander gründlich einrühren. Die Sauce über die Kartoffeln geben und das Ganze vorsichtig, aber gründlich mischen. Mit Salz und Pfeffer abschmecken. Den Salat gut zudecken und etwa 30 Minuten bei Zimmertemperatur ziehen lassen, je länger, desto besser; der Salat sollte aber beim Servieren nicht kalt sein.

■ Zum Servieren Schnittlauchröllchen über den Salat streuen oder nach Belieben untermischen. Als Beilage passen heiße Würstchen und/oder Gurkensalat ausgezeichnet.

Tipps

Für Schwäbischen Kartoffelsalat eine in hauchfeine Scheiben geschnittene Salatgurke unter die Kartoffeln mischen, bevor die Salatsauce hinzugefügt wird.

Für Kartoffelsalat mit Apfel 2 bis 3 festfleischige Äpfel in Würfel oder feine Schnitze schneiden und diese unter den angemachten Kartoffelsalat heben.

Maultaschen mit Spinatfüllung

Ergibt etwa 16 Maultaschen

* Für den Teig das Mehl auf die Arbeitsfläche sieben. Eine tiefe Mulde in die Mitte des Mehls drücken und die restlichen Zutaten mit 1,5 Esslöffeln warmem Wasser hineingeben. Das Ganze zügig zu einem glatten, geschmeidigen Nudelteig kneten. Ist der Teig zu fest, tropfenweise noch ein wenig Öl einarbeiten. Den Teig zugedeckt 20 Minuten ruhen lassen.

* Inzwischen für die Füllung den Spinat in kochendem, leicht gesalzenem Wasser blanchieren. Abgießen, kalt abschrecken, abkühlen lassen, dann sehr gründlich ausdrücken und fein zerkleinern. Die Semmel gut ausdrücken. Spinat, Semmel, Zwiebeln, Hackfleisch, Speck und das Ei zu einem geschmeidigen Teig verkneten; dabei mit Salz, Pfeffer und Muskatnuss würzen.

* Den Nudelteig hauchdünn ausrollen und mit dem Teigrad in 6 x 12 cm große Rechtecke schneiden. Auf die eine Hälfte eines jeden Rechtecks einen gut gehäuften Teelöffel Füllung setzen. Die Teigränder leicht mit Wasser anfeuchten, jeweils die andere Hälfte des Teigrechtecks über die Füllung klappen und die Ränder vorsichtig mit den Zinken einer Gabel zusammendrücken.

* Die Fleischsuppe zum Kochen bringen, die Hitze stark verringern und die Maultaschen in der Suppe 10 bis 15 Minuten gar ziehen lassen. Herausheben und kurz abtropfen lassen.

* Zum Servieren die Maultaschen auf vorgewärmten Tellern verteilen. Etwas heiße Rindssuppe darüber gießen und die gebratenen Zwiebeln obenauf setzen. Mit Petersilie garnieren.

Für den Teig

200 G MEHL

2 EIER

1 KRÄFTIGE PRISE SALZ

1/2 TL OLIVENÖL

Für die Füllung

150 G BLATTSPINAT, VERLESEN UND DICKE STIELE ENTFERNT

SALZ

1 KLEINE ALTBACKENE SEMMEL, IN ETWAS HEISSER MILCH EINGEWEICHT

1 KLEINE ZWIEBEL, IN SEHR FEINE WÜRFEL GESCHNITTEN

150 G SCHWEINEHACKFLEISCH ODER BRATWURSTBRÄT

50 G DURCHWACHSENER GERÄUCHERTER SPECK, IN SEHR FEINE WÜRFEL GESCHNITTEN

1 EI

MUSKATNUSS

PFEFFER AUS DER MÜHLE

1,5 L KRÄFTIGE RINDSSUPPE (REZEPT SIEHE SEITE 62)

Zum Servieren

FEINE ZWIEBELWÜRFEL ODER -RINGE, IN BUTTERSCHMALZ ODER IM FETT VON AUSGELASSENEM SPECK GOLDGELB GEBRATEN

FEIN GESCHNITTENE FRISCHE PETERSILIE

Harzer Käse mit Musik

Für 4 Personen

* Den Harzer Käse etwa 2 Stunden vor dem Servieren aus dem Kühlschrank nehmen, sodass er Zimmertemperatur annimmt und dadurch sein Aroma entwickeln kann (kalt schmeckt er fad).
* Für die Marinade alle Zutaten gründlich mischen und 2 Teelöffel kochend heißes Wasser unterrühren (so verbinden sich die Zutaten besser).
* Zum Servieren den Harzer Käse auf Tellern anrichten und die Marinade darüber gießen. Die Zwiebelringe obenauf legen.

Tipps

Je nach persönlichem Geschmack kann man die Zwiebelringe vor dem Servieren 30 Minuten in die Marinade legen oder die Zwiebeln in sehr feine Würfel schneiden und gleich in die Marinade rühren.

Geschmacksache ist es auch, ob man den Harzer Käse – ein Sauermilchkäse, der aus Magerquark hergestellt wird und auch Harzer Roller oder Handkäse genannt wird – „durch" oder innen noch weiß verspeisen will.

Dazu müssen die Käselaibchen nicht aufgeschnitten werden, denn ein recht guter Anhaltspunkt liefert das Mindesthaltbarkeitsdatum: 4 bis 6 Wochen vor Ablauf dieses Datums schmeckt der Harzer mild und hat noch einen ziemlich großen weißen Kern; 3 bis 4 Wochen vor Ablauf ist der Geschmack aromatisch und der weiße Kern klein. Ohne weißen Kern, also durchgereift, und in Geschmack sowie Duft kräftig ist der Harzer 1 bis 2 Wochen vor Ablauf des Haltbarkeitsdatums.

---

400 G HARZER KÄSE

Für die Marinade

6 EL WEINESSIG

SALZ

PFEFFER

5 EL OLIVENÖL

2 TL KÜMMEL

Zum Servieren

2 MITTELGROSSE ZWIEBELN, IN FEINE RINGE GESCHNITTEN

Irish Stew

Für 4 bis 6 Personen

Zutaten:

- 4 GROSSE MÖHREN, GEWÜRFELT
- 1/2 GROSSER KNOLLENSELLERIE, GEWÜRFELT
- 1 STANGE PORREE, IN RINGE GESCHNITTEN
- 1/2 KLEINER KOPF WEISSKOHL, IN FEINE STREIFEN GESCHNITTEN
- 800 G LAMM- ODER RINDFLEISCH
- OLIVENÖL
- SALZ
- 1 GROSSE ZWIEBEL, IN FEINE RINGE GESCHNITTEN
- 2 KNOBLAUCHZEHEN, FEIN GEWÜRFELT
- 10–12 DÜNNE SCHEIBEN GERÄUCHERTER BAUCHFLEISCH
- 1–1,5 L FLEISCHBRÜHE
- 1 LORBEERBLATT
- PFEFFER
- GETROCKNETER THYMIAN
- GEMAHLENER KÜMMEL
- 4 MITTELGROSSE KARTOFFELN

Zum Servieren

- 1 HAND VOLL FRISCHE PETERSILIE, SEHR FEIN ZERKLEINERT

Zubereitung:

★ Das zerkleinerte Gemüse in eine große Schüssel geben. Das Fleisch in kleine Würfel schneiden und in einer großen Pfanne in reichlich Öl anbraten. Herausheben und zusammen mit einer Prise Salz unter das Gemüse mischen. In dem verbliebenen Öl die Zwiebelringe und den Knoblauch hellgelb anschwitzen und ebenfalls mit der Gemüse-Fleisch-Mischung vermengen.

★ Den Boden eines großen Topfes mit den Bauchfleischscheiben auslegen und die Gemüse-Fleisch-Mischung den Topf geben. Mit Fleischbrühe auffüllen, sodass die Zutaten knapp bedeckt sind. Das Lorbeerblatt hinzufügen und mit Pfeffer, Thymian sowie Kümmel kräftig würzen. Das Ganze kurz zum Kochen bringen, die Hitze schnell verringern und den Eintopf zugedeckt etwa 1 Stunde köcheln lassen. Zwischendrin prüfen, ob der Eintopf zu trocken wird, und bei Bedarf etwas heiße Brühe oder heißes Wasser nachgießen. Inzwischen die Kartoffeln schälen und würfeln. Wenn das Fleisch fast weich ist (die Garzeit hängt von dem verwendeten Fleisch ab), die Kartoffeln in den Eintopf geben und das Ganze weitergaren, bis alles weich ist.

★ Zum Servieren den Eintopf auf vorgewärmten Tellern anrichten und dick mit Petersilie bestreuen.

Rinderfilet mit Spargel

Für 4 Personen

✳ Die Spargelstangen in reichlich Salzwasser etwa 15 Minuten garen, bis sie weich, aber noch bissfest sind. Warm stellen.

✳ Jedes Filet zwischen zwei Lagen Klarsichtfolie etwas flach drücken, dann mit Küchenpapier gut trockentupfen.

✳ Eine Pfanne vorheizen (bis ein paar hineingespritzte Wassertropfen zischend verdampfen). Das Öl zufügen, bei starker Hitze heiß werden lassen und darin die Rinderfilets auf beiden Seiten jeweils 1 Minute braun anbraten. Bei mittlerer Hitze das Fleisch fertig garen.

✳ Für die Sauce etwa 300 Milliliter Spargelkochwasser kurz aufkochen lassen. Von der Kochstelle nehmen und mit Butter oder Crème fraîche schaumig schlagen (geht am besten mit dem Stabmixer). Die Eigelbe mit ein paar Tropfen Zitronensaft und ein wenig Spargelbrühe verrühren und unter die Spargelsauce schlagen. Mit Salz und Pfeffer abschmecken und den Kerbel einrühren.

✳ Zum Servieren Spargel und Rinderfilets auf vorgewärmten Tellern anrichten und etwas Sauce über die Spargel geben. Mit Zitrone und Kerbel garnieren.

Zutaten:

800 G GESCHÄLTER WEISSER SPARGEL
SALZ
1 PRISE ZUCKER
4 RINDERFILETS (À ETWA 160 G)
3 EL OLIVENÖL
SALZ
PFEFFER AUS DER MÜHLE

Für die Sauce

BUTTER ODER CRÈME FRAÎCHE
1–2 EIGELB
PFEFFER AUS DER MÜHLE
ZITRONENSAFT
4 EL FEIN ZERKLEINERTER FRISCHER KERBEL

Zum Garnieren

DÜNN GESCHNITTENE ZITRONENSCHEIBEN
FRISCHE KERBELTRIEBE

Tipp

Wie gar oder „durch" Rinderfilets sein sollen, hängt vom persönlichen Geschmack ab. Garzeit pro Seite: Sie sind nach 1 bis 2 Minuten *raw* (innen weitgehend roh, Blut läuft beim Anschneiden aus), nach 3 Minuten *rare* (innen rosa, mit blutigem Kern), nach 4 bis 5 Minuten *medium* (nur der Kern ist noch rosa) und nach 5 bis 6 Minuten *well done* (durchgebraten).

Schwäbischer Wurstsalat

Für 4 Personen

600 G HARTE SCHWARZWURST
(PIKANT GEWÜRZTE BLUTWURST
VOM RING MIT ESSBARER HAUT)

Für die Salatsauce

6 EL APFELESSIG

5 EL ÖL

6 EL FEIN GESCHNITTENE
ZWIEBELWÜRFEL

1 PRISE ZUCKER

SALZ

WEISSER PFEFFER
AUS DER MÜHLE

Zum Garnieren

FEINE ZWIEBELRINGE

✸ Die Schwarzwurst in feine Scheiben schneiden und in eine Schüssel geben.

✸ Alle Zutaten für die Salatsauce mit 5 Esslöffeln Wassern gründlich verrühren. Mit Pfeffer abschmecken. Die Sauce über die Wurst gießen, das Ganze vorsichtig mischen und etwa 1 Stunde ziehen lassen.

✸ Die Wurst mit der Salatsauce auf Teller verteilen und mit Zwiebelringen garnieren.

Kalbsnieren-braten

Für 4 Personen

⁕ Den Braten trockentupfen und rundum mit Salz und Pfeffer einreiben. Etwa 2 Esslöffel Olivenöl in einer Kasserolle erhitzen und bei starker Hitze das Fleisch 12 bis 15 Minuten unter Wenden anbraten, bis sich auf allen Seiten eine krosse Kruste gebildet hat. Nach 7 Minuten Zwiebeln, Möhren und Sellerie zugeben und unter gelegentlichem Rühren mitbraten. Mit Weißwein ablöschen und die Flüssigkeit fast vollkommen einkochen lassen. 300 Milliliter Fleischbrühe zugießen und aufkochen lassen. Den Senf in etwas heißer Brühe auflösen und in den Bratensud rühren.

⁕ Die Kasserolle in den Backofen schieben. Den Braten bei 180 °C 45 Minuten unter häufigem Begießen mit dem Bratensud garen. Verdampft die Flüssigkeit in der Zeit, etwas Fleischbrühe nachgießen. Den Backofen auf 160 °C stellen und den Braten noch etwa weitere 30 Minuten garen, dabei mehrfach wenden und mit frischer Fleischbrühe begießen. Garprobe machen (am besten mit dem Bratenthermometer). Den Backofen abstellen, den fertigen Braten aus der Kasserolle nehmen und auf dem Backofenrost 10 bis 15 Minuten ruhen lassen.

⁕ Die Kasserolle bei mittlerer Hitze auf den Herd stellen und den Bratensatz mit reichlich Brühe unter Rühren ablösen. Die Sauce durch ein Sieb in einem anderen Topf passieren und aufkochen lassen, bis sie eine sämige Konsistenz angenommen hat. Mit Salz, Pfeffer und Zitronensaft abschmecken. Nach Belieben mit Butter oder Crème fraîche schaumig aufschlagen.

⁕ Den Braten in Scheiben schneiden und die Verschnürung entfernen. Die Fleischscheiben auf vorgewärmten Tellern anrichten und mit Sauce übergießen. Als Beilage schmecken Nudeln, Grießklöße oder kleine in Butter geschwenkte Kartoffeln.

---

1 KG KALBNIERENBRATEN, VOM METZGER GEROLLT

SALZ

PFEFFER

OLIVENÖL

1 GROSSE GEMÜSEZWIEBEL, GEWÜRFELT

1 GROSSE MÖHRE, GEWÜRFELT

2 STANGEN STAUDENSELLERIE, GEWÜRFELT

1/8 L WEISSWEIN

1–1,5 L FLEISCHBRÜHE

2 TL SENF

ZITRONENSAFT

BUTTER ODER CRÈME FRAÎCHE (NACH BELIEBEN)

Saubuckel mit Schwammerl
(Schweinekamm mit Pilzen)
Für 4 Personen

Zutaten:

- 1 KG SCHWEINEKAMM OHNE KNOCHEN
- JE 1/2 TL SALZ, PFEFFER UND KÜMMEL
- 2 EL BUTTERSCHMALZ
- 1 ZWIEBEL, GEWÜRFELT
- 1 STANGE PORREE, IN RINGE GESCHNITTEN
- 2 MÖHREN, GEWÜRFELT
- 1/4 KNOLLENSELLERIE, GEWÜRFELT
- 1 TL SENF
- 1/8 L DUNKLES BIER
- 1/2 TL GETROCKNETER MAJORAN
- 1/4 L FLEISCHBRÜHE
- 1/8 L SÜSSE SAHNE
- ZITRONENSAFT

Für die Pilze

- 2 EL BUTTER
- 1 KLEINE ZWIEBEL, SEHR FEIN GEWÜRFELT
- 300 G STEINPILZE, IN FEINE SCHEIBEN GESCHNITTEN
- SALZ
- WEISSER PFEFFER AUS DER MÜHLE
- 1 TL MEHL
- 2 EL FEIN ZERKLEINERTE PETERSILIE
- ZITRONENSAFT

✳ Das Fleisch trockentupfen. Salz, Pfeffer und Kümmel in einem Schüsselchen mischen und das Fleisch damit rundum einreiben. In einer Kasserolle das Butterschmalz bei starker Hitze zerlassen und darin das Fleisch rundum braun anbraten. Die Zwiebel zugeben und hellgelb anschwitzen. Porree, Möhren und Sellerie hinzufügen und unter Rühren kurz anbraten.

✳ Den Senf in dem Bier gründlich auflösen und die Hälfte der Mischung über das Fleisch gießen. Majoran hinzufügen, die Hälfte der Fleischbrühe zugeben und kurz aufkochen lassen. Die Hitze verringern und das Fleisch zugedeckt 20 Minuten schmoren lassen. Das Fleisch wenden und die restliche Bier-Senf-Mischung darüber gießen. Die restliche Fleischbrühe zugeben, die Kasserolle zudecken und den Braten 45 bis 50 Minuten weich garen; dabei das Fleisch nach 20 Minuten noch einmal wenden und während der restlichen Garzeit drei- oder viermal mit dem Bratsud beträufeln.

✳ Das Fleisch herausnehmen und 10 Minuten ruhen lassen, dann in Scheiben schneiden.

✳ Inzwischen für die Sauce anhaftenden Bratsud mit etwas Wasser vom Topfboden lösen und den gesamten Sud durch ein feines Sieb passieren. Die Sahne unterrühren und das Ganze kurz aufkochen lassen. Mit Salz und Zitronensaft abschmecken.

✳ Für die Pilze die Butter schaumig zerlassen und darin die Pilze etwa 3 bis 4 Minuten unter ständigem Wenden weich braten. Mit Salz und Pfeffer würzen. Das Mehl über die Pilze sieben und diese noch 1 Minute kräftig schwenken. Die Petersilie unterheben und das Ganze mit Zitronensaft beträufeln. Nochmals kurz schwenken.

✳ Zum Servieren die Fleischscheiben auf vorgewärmten Tellern anrichten und mit Sauce überziehen. Die Pilze hinzufügen. Gut dazu passen Spätzle oder kleine Knödel aus gekochten Kartoffeln.

Forelle Müllerin Art

Für 4 Personen

- Die Forellen innen und außen mit Salz und Pfeffer einreiben und mit Zitronensaft beträufeln. Den Fisch gründlich in Mehl wenden, überschüssiges Mehl abschütteln.
- In einer vorgewärmten Pfanne reichlich Butter schaumig zerlassen und den Fisch auf jeder Seite 8 bis 10 Minuten braten; dabei erst wenden, wenn die Unterseite gut gebräunt ist. Darauf achten, dass die Forellen fast in der Butter schwimmen, da sie sehr leicht am Pfannenboden anhaften.
- Kurz vor dem Servieren 3 Esslöffel Butter unter Rühren bräunen und darin die Kräuter kurz schwenken. Mit Zitronenschnitzen garnieren.
- Zum Servieren die Forellen auf vorgewärmten Tellern anrichten und mit der flüssigen Kräuterbutter beträufeln. Mit Zitronenschnitzen garnieren. Gut dazu passen mit Muskat gewürztes Kartoffelpüree, Dampfkartoffeln oder einfach nur helles Bauernbrot.

Tipp

Statt mit Zitronensaft kann man die Forellen vor dem Braten auch mit Worcestersauce beträufeln.

4 KÜCHENFERTIGE FORELLEN, À ETWA 350 G

SALZ

PFEFFER AUS DER MÜHLE

SAFT VON 1 ZITRONE

MEHL

BUTTER

1 HAND VOLL FEIN ZERKLEINERTE FRISCHE KRÄUTER, Z.B. EINE MISCHUNG AUS ESTRAGON, KERBEL, MAJORAN, PETERSILIE UND SALBEI

Zum Servieren

ZITRONENSCHNITZE

Gugelhupf

Ergibt 1 Kuchen
(aus Helene Weigels Kochbuch)

210 G WEICHE BUTTER
6 EIGELB
3 EIWEISS
210 G ZUCKER
1 PÄCKCHEN VANILLEZUCKER
4 EL RUM
1 TL BACKPULVER
1 PRISE SALZ
350 G MEHL
8–12 EL MILCH
100 G ROSINEN
BUTTER FÜR DIE FORM
2–3 EL HASELNUSSSTAUB
(SEHR FEIN GEMAHLENE HASELNÜSSE)
PUDERZUCKER

✱ Die Butter in eine Rührschüssel geben. Dann jeweils ein Eigelb zusammen mit einem gut gehäuften Esslöffel Zucker unterrühren. Das Ei und den restlichen Zucker, Vanillezucker und Rum hinzufügen. So lange rühren, bis die Masse schaumig ist und der Zucker nicht mehr knirscht. Backpulver und Salz unter das Mehl mischen, dann das Mehl portionsweise in den schaumigen Teig rühren und dabei die Milch esslöffelweise zugeben, bis ein glatter Rührteig entstanden ist. Die Rosinen zugeben. Das Eiweiß sehr steif schlagen und unter den Teig heben.

✱ Den Backofen auf 180 °C vorheizen. Eine Gugelhupfform gründlich mit Butter einfetten und mit dem Haselnussstaub gleichmäßig ausstreuen. Die Form leicht auf die Tischkante schlagen und lose Nussreste herausschütten.

✱ Den Teig in die Form füllen. Den Kuchen etwa 1 Stunde im vorgeheizten Ofen backen. Gegen Ende der Backzeit eine Garprobe machen: mit einem Holzstäbchen oder einer Stricknadel in den Kuchen stechen und wieder herausziehen; haftet kein Teig daran, ist der Kuchen gar.

✱ Den Kuchen aus dem Ofen nehmen, 3 bis 4 Minuten in der Form ruhen lassen, dann zum Abkühlen vorsichtig auf ein Kuchengitter stürzen.

✱ Zum Servieren den Kuchen dick mit Puderzucker bestreuen.

Helene Weigel notiert: Alles 1/2 Stunde abtreiben

Spitzbuben

Ergibt – je nach Größe der Ausstechform – 30 bis 40 Plätzchen
(aus Helene Weigels Kochbuch)

* Das Mehl auf die Arbeitsfläche sieben und in die Mitte eine Mulde drücken. Salz, Zucker, Vanillezucker und Haselnussstaub mischen und in die Mulde geben. Die Eigelbe und den Weißwein hinzufügen und grob in die Zucker-Haselnuss-Mischung einarbeiten. Die Butter in Flöckchen hinzufügen und dabei das Mehl Zug um Zug in die Masse einkneten. Sehr zügig und kräftig kneten, bis ein geschmeidiger Teig entstanden ist (zu lange gekneteter Teig wird bröckelig und klebrig). Den Teig halbieren und zu zwei Kugeln formen. Jede Kugel etwas flach drücken, in Frischhaltefolie wickeln und etwa 1 Stunde in den Kühlschrank legen.
* Den Backofen auf 180 °C vorheizen. Ein Backblech mit Backpapier auslegen.
* Den Teig in kleineren Portionen auf der bemehlten Arbeitsfläche 2 mm dünn ausrollen (den restlichen Teig immer wieder in den Kühlschrank legen) und paarweise rund ausstechen: ein Plätzchen mit und eines ohne Loch in der Mitte (für das Lochausstechen am besten einen Apfelausstecher verwenden). Die Plätzchen auf das Blech setzen und im vorgeheizten Ofen 8 bis 10 Minuten goldgelb backen.
* Die Plätzchen aus dem Ofen nehmen und auf einem Kuchengitter ablegen, dann sofort die ungelochten Plätzchen dick mit Gelee bestreichen und ein gelochtes Plätzchen mit leichten Druck obenauf legen. Die Plätzchen mit Vanillezucker bestreuen und auskühlen lassen.
* Anschließend trocken und kühl lagern.

| 300 G MEHL |
| 1 PRISE SALZ |
| 100 G ZUCKER |
| 1 PÄCKCHEN VANILLEZUCKER |
| 125 G HASELNUSSSTAUB (SEHR FEIN GERIEBENE HASELNÜSSE) |
| 2 EIGELB |
| 2 EL WEISSWEIN (ODER WASSER) |
| 200 G KALTE BUTTER |
| MEHL ZUM BESTÄUBEN DER ARBEITSFLÄCHE |
| ROTES GELEE (OHNE SAMENKÖRNCHEN!), Z.B. ROTES JOHANNISBEER-, HIMBEER- ODER KIRSCHGELEE |
| VANILLEZUCKER ODER PUDERZUCKER |

Helene Weigel notiert: Haselnuß, etwas Vanille zu glattem Teig kneten, dann auswellen, runde Plätzchen ausstechen, backen. Gleich Marmelade dazwischen, 2 zusammenkleben. Zucker streuen. Verträgt meistens mehr Mehl!

Holunderküchle

Für 4 Personen

- 12 HOLUNDERBLÜTEN-DOLDEN
- 120 G MEHL
- 1 PRISE SALZ
- 200–250 ML MILCH
- 2 KLEINE EIER
- ABGERIEBENE SCHALE VON 1/2 ZITRONE
- ÖL ZUM FRITTIEREN
- PUDERZUCKER

❋ Die Holunderdolden ausschütteln und zum Waschen in einer Schüssel mit kaltem Wasser vorsichtig schwenken. Auf Küchenpapier abtropfen lassen.

❋ Das Mehl und Salz in eine Rührschüssel geben und so viel Milch zugießen, bis ein glatter, dünnflüssiger Teig entstanden ist. Die Eier trennen und die Eigelbe mit der abgeriebenen Zitronenschale in den Teig einrühren. Das Eiweiß sehr steif schlagen und unter den Teig heben.

❋ Reichlich Öl in einem hohen Topf oder in der Fritteuse erhitzen. Die Holunderdolden am Stängel nehmen, tief in den Teig tauchen und im Öl knapp 2 Minuten goldgelb ausbacken. Vorsichtig herausheben und auf Küchenpapier abtropfen lassen. Die Dolden am besten einzeln oder nur in kleinen Portionen ausbacken; sie sollten in dem Öl frei schwimmen und sich nicht berühren, damit sie nicht aneinander kleben.

❋ Zum Servieren die Blüten mit Puderzucker bestreuen.

Mohnnudeln

Für 4 bis 6 Personen

✸ Für die Nudeln die Kartoffeln in der Schale kochen, abgießen und etwas abkühlen lassen. Schälen und noch warm durch die Kartoffelpresse drücken.

✸ Die durchgedrückten Kartoffeln, 60 Gramm Butter, Eigelbe, Mehl und eine kräftige Prise Salz zu einem glatten Teig verarbeiten. Ist der Teig zu feucht, etwas Grieß einarbeiten, ist er zu trocken oder bröckelig, noch etwas Butter einkneten. Den Teig 15 Minuten ruhen lassen.

✸ Den Kartoffelteig auf der bemehlten Arbeitsfläche zu schlanken Rollen (Durchmesser etwa 2 cm) formen und die Rollen in walnussgroße Stücke schneiden. Jedes dieser Stückchen zwischen den Handflächen zu etwa 3 cm langen, gleichmäßigen, spitz zulaufenden Nudeln rollen (wie Schupfnudeln). In leicht kochendem Salzwasser 8 bis 10 Minuten garen. Abgießen und sehr gut abtropfen lassen.

✸ In einer Pfanne 50 Gramm Butter zerlassen. Den Mohn und den Zucker unter Rühren hinzufügen. Die Nudeln zugeben und schwenken, bis sie rundum mit Mohn bedeckt sind. Mit Puderzucker bestreuen und noch warm servieren.

| 750 G MEHLIGE KARTOFFELN |
| BUTTER |
| 2 EIGELB |
| 200 G MEHL |
| SALZ |
| GRIESS, BEI BEDARF |
| MEHL ZUM BESTÄUBEN DER ARBEITSFLÄCHE |
| 150 G GERIEBENER MOHN |
| 2 GEHÄUFTE EL ZUCKER |
| PUDERZUCKER |

Heidelbeerwein

Für 5 Liter

■ Die Früchte gründlich zerstampfen und mit allen Zutaten – bis auf das Kaliumdisulfit – in einen Gärballon geben. Nach 5 bis 8 Tagen ist die Gärung beendet, dann die Masse (die Maische) abpressen und die Flüssigkeit in einem 10-Liter-Ballon unter täglichem Umschütteln noch einige Wochen nachgären lassen. Den Ballon kühl stellen und nach etwa 4 Wochen den Wein von der Hefe abziehen und mit Kaliumdisulfit schwefeln. Je nach Geschmack mit Zucker nachsüßen. (Am besten sich von einem erfahrenen Hobby-Winzer beraten lassen.)

- 3 KG HEIDELBEEREN, VERLESEN UND GEWASCHEN
- 1,2 KG ZUCKER
- 2 L WASSER
- 5 ML ANTIGEL
- 10 ML MILCHSÄURE 80%IG
- 2 G HEFENÄHRSALZ
- 1 KULTUR REINZUCHTHEFE BURGUNDER ODER BORDEAUX
- 1-2 AMPULLEN KALIUM-DISULFIT (SCHWEFELPULVER), IN DER APOTHEKE ERHÄLTLICH

Links: Nach den offiziellen Geburtstagsfeiern gab es jedes Jahr noch eine sehr private in der Wohnung von Tochter Barbara Brecht-Schall.

Folgende Doppelseite: Das Foto entstand 1937 in Skovsbostrand, wo Hanne mit ihrem Vater das einzige Mal im Exil zusammentraf, v.l.n.r.: Hanne Hiob, Bertolt Brecht, Marianne Lingen (geschiedene Brecht) und die Kinder Ursula Lingen, Hanne Brecht und Barbara Brecht.

„Erhaltung der Familie"

auf Biegen und Brechen."

1933-1948: 15 Jahre im Exil

Dänemark, Schweden, Finnland und Russland

An die Nachgeborenen
1

...

Es ist wahr: ich verdiene noch meinen Unterhalt
Aber glaubt mir: das ist nur Zufall. Nichts
von dem, was ich tue, berechtigt mich dazu, mich satt zu essen.
Zufällig bin ich verschont. (Wenn mein Glück aussetzt
Bin ich verloren.)

Man sagt mir: iß und trink du! Sei froh, daß du hast!
Aber wie kann ich essen und trinken, wenn
Ich dem Hungernden entreiße, was ich esse, und
Mein Glas Wasser einem Verdurstenden fehlt?
Und doch esse und trinke ich.

1933
Dänemark

Am 27. Februar 1933 brannte in Berlin der Reichstag. Das war für Bertolt Brecht das Signal, ins Exil zu gehen. Offiziell hieß es, Brecht sei Arier, seine Frau dagegen Jüdin, und deshalb habe er beschlossen, das Land zu verlassen. Doch:

ALS ICH INS EXIL GEJAGT WURDE
Stand in den Zeitungen des Anstreichers
Das sei, weil ich in einem Gedicht
Den Soldaten des Weltkriegs verhöhnt hätte.
...

Brecht hatte seine Flucht schon Anfang Februar vorbereitet. Es gab Angriffe gegen sein Gedicht „Legende vom toten Soldaten", politische Einwände gegen „Die heilige Johanna der Schlachthöfe" und die Aufführung von „Die Maßnahme" in Erfurt.

Da ihre Wohnung nicht mehr sicher schien, begab sich Brecht an jenem 27. Februar mit Helene Weigel zu Peter Suhrkamp, der für ein gefahrloses Nachtquartier sorgte. Auf den Straßen patrouillierten Görings Schergen, die den Befehl hatten, erst zu schießen und dann Fragen zu stellen. Ohne aufgehalten zu werden, konnte das flüchtende Paar den D-Zug nach Prag erreichen. Tochter Barbara kam später nach Wien. Sohn Stefan, der zeitweilig bei Elisabeth Hauptmann untergebracht war, wurde mit dem Flugzeug nach Prag gebracht.

„Damals begann ein Exodus von Schriftstellern und Künstlern, wie ihn die Welt noch nicht gesehen hatte." Es wurden Listen von Autoren zusammengestellt und veröffentlicht, deren Werke unter der neuen „Ordnung" nicht mehr „akzeptabel" waren. Einstein, Freud, Brecht, Döblin, Remarque, Ossietzky, Tucholsky, Hofmannsthal, Kästner und Zuckmayer gehörten zu den Schriftstellern, deren Veröffentlichungen als dekadent, materialistisch, moralisch verwerflich oder „kulturbolschewistisch" geächtet wurden. Der symbolische Augenblick der Kapitulation deutscher Intellektueller vor dem „neuen Geist" von 1933 war die Bücherverbrennung am 10. Mai 1933. Der Dichter Heinrich Heine, dessen Werk bei dieser „Aktion" ebenfalls im Feuer landete, hatte mehr als 100 Jahre zuvor geradezu hellseherisch geschrieben: „Dies war ein Vorspiel nur, wo man Bücher verbrennt, verbrennt man auch am Ende Menschen."

Anfang März kam es zu einem Treffen zwischen Helene Weigel, die damals bei ihrer Schwester Stella in Wien wohnte, und ihrer Lehrerin Eugenia Schwarzwald sowie ihrer früheren Mit-

„Ich bräuchte Dich ur zu allen Dingen und

schülerin Maria Lazar. Diese drei Damen waren gut befreundet mit der dänischen Erfolgsschriftstellerin Karin Michaelis. Im Einvernehmen mit Helene schrieb Maria Lazar von Wien aus einen besorgten Brief an Karin mit der Frage, ob sie sowohl ihr und ihrer Tochter Judith als auch Helene Weigel sowie deren Familie, Bertolt Brecht und den beiden Kindern Stefan und Barbara, helfen könnte: „Wir alle fragen Dich nun, was es ungefähr kosten würde, ein Haus für viele Monate zu mieten, denn wir möchten gerne eine Zeit nach Thurö. Und wie hoch veranschlagst Du die Kosten einer, sagen wir, sechsköpfigen Familie? Das Leben ist doch nicht teuer bei Euch? Und wie denkst Du überhaupt über diesen Plan? Bitte,

Seite 84: Helene Weigel und Bertolt Brecht in Lidingö, 1939. Oben: Die dänische Malerin Maria Hjuler (rechts neben Brecht) lud deutsche Emigranten ein. Links neben Brecht Karin Michaelis, hintere Reihe links Helene Weigel und die Schriftstellerin Auguste Lazar, Kopenhagen 1936.

schreib uns gleich, wir sind ungeheuer gespannt auf Deine Antwort." Die sehr wohlhabende Karin Michaelis antwortete augenblicklich. Sie hatte immer schon starke mütterliche Gefühle gegenüber Maria Lazar und Helene Weigel und bot ihnen Haus Torelore in Thurö, einem flachen, grünen Eiländchen, als Unterkunft an. Ihrer in Amerika lebenden Schwester berichtete Karin Michaelis, sie sei im Augenblick sehr in Anspruch genommen, da sie gegenwärtig „in ihren Häusern unten am Wasser" nicht weniger als fünfzehn deutsche Gäste habe. Diese kochten zwar für sich selber, aber häufig hole sie die ganze Schar herauf in ihr großes Haus. „Wir haben herrliche Abende, es wird nur Kaffee und Kuchen serviert, aber wir fühlen uns wie im Paradies." Aber auch diesem Paradies drohte Gefahr. Tatsächlich war Thurö den Nationalsozialisten nicht unbekannt. Goebbels interessierte sich für die echt „arische" Erfolgsautorin, deren Romane sich in Deutschland gut verkauften. Durch die Vermittlung von Margarete Gärtner, einer gemeinsamen Freundin, bot Goebbels der Schriftstellerin an, auf Regierungskosten eine Lesereise durch Deutschland zu unternehmen. Das wollte Michaelis zwar nicht, trat aber dennoch der Reichsschrifttumskammer bei, woraufhin ihre Bücher weiterhin in Deutschland verkauft werden durften. Goebbels hoffte wohl, dass Karin Michaelis mäßigend auf die zahlreichen bei ihr lebenden Emigranten einwirke.

Bertolt Brecht hielt sich im Mai 1933 in Paris auf. Marta und Lion Feuchtwanger waren damals gerade in ein sehr nett gelegenes Haus (Villa Lazare) in der Nähe von Sanary-sur-Mer gezogen. Sie luden Brecht sofort ein. Marta schrieb, sie wolle ihm „besonders viel Reis und Kalbfleisch vorsetzen und nur sehr wenig Fische". Doch Brecht nahm damals in Paris an den Proben des Balletts „Die sieben Todsünden der Kleinbürger" teil. Lotte Lenya, die von Berlin nach Wien gefahren war, wurde nach Paris geholt und bekam in dem Ballett die Rolle der 1. Anna übertragen. Das Bühnenbild gestaltete Brechts Augsburger Freund Caspar Neher. Die Uraufführung wurde ein glänzender Erfolg.

Bert Brecht und Margarete Steffin, Geliebte und engste Mitarbeiterin, Marlebäck 1941. Die Idylle trügt. Margarete war schon todkrank und Brecht musste sie in Moskau zurücklassen, wo sie am 4. Juni 1941 starb.

Die Jahre im dänischen Exil waren für Brecht sehr fruchtbare Jahre. An seiner Seite stand Margarete Steffin, enge Mitarbeiterin und Geliebte. Tragisch für Margarete sollte werden, dass Brecht damals Ruth Berlau, eine Schauspielerin am Königlichen Theater Kopenhagen, kennen und lieben lernte. Die war eine überzeugte Kommunistin, verheiratet mit einem bedeutenden Arzt, den sie 1940 verließ, um dann mit Brecht auch im finnischen Exil zu leben.

Ballade von der Hanna Cash

4

```
Sie "kamen sich näher" zwischen Wild und Fisch
Und "gingen vereint durchs Leben"
Sie hatten kein Bett und sie hatten keinen Tisch
Und sie hatten selber nicht Wild noch Fisch
Und keinen Namen für die Kinder.
```
...

8

```
Er stahl wohl die Fisch, und Salz stahl sie
So war's. "Das Leben ist schwer."
Und wenn sie die Fische kochte, sieh:
So sagten die Kinder auf seinem Knie
Den Katechismus her.
```

Im August 1933 konnte Brecht ein eigenes Haus am Rande des Fischerdorfes Skovbostrand, nahe dem Städtchen Svendborg auf der Insel Fünen, dem „Garten Dänemarks", erwerben. Finanziell war dies möglich durch eine Vorschusszahlung für den „Dreigroschenroman" sowie mit Geldern der Väter Weigel und Brecht.

Aus dieser Zeit gibt es eine interessante Beschreibung der Familie: „Hier wohnt Bert Brecht mit seiner Familie, sie ist Schauspielerin, zwei Kinder: ein schmächtiger Junge, der Steffi, wirkt wie ein kleiner Gassenjunge, und ein dreijähriges, schon sehr intelligentes, sehr niedliches Mädchen, Barbara ... Brecht läuft immer in einer Art blauem Schlosseranzug herum ... sieht sehr proletisch betont aus, ist aber ein feiner, liebenswürdiger Mann aus guter Familie. Sie ... mit Jungenkopf, ist kess und schnippig, wie überhaupt die ganze Familie, läuft natürlich im Hosenanzug herum oder in einem rotgewürfelten langen Kleid mit schräggesetztem Volant, ausgeschnitten, mit Flügelärmeln an den Schultern, sehr billig und ordinär, aber mit einem gewissen Chic, sie sieht wie ein personifizierter Gassenhauer darin aus und könnte sofort so in der Dreigroschenoper auftreten."

Die „rote Ruth" blieb bis zu Brechts Tod an seiner Seite; vereinsamt starb sie 1974 auf tragische Weise (sie verbrannte in ihrem Krankenbett).

Da Helene Weigel erfolgreich versuchte, Brechts Leben von Unannehmlichkeiten freizuhalten, verlief die Zeit in Dänemark sehr produktiv. Brecht hatte ein großes Arbeitszimmer, damit er sich frei bewegen konnte und außerdem die Kinder ohne Furcht aufwachsen konnten, ihn somit nicht störten.

In Svendborg beendete Brecht seinen „Dreigroschenroman", „Die Gewehre der Frau Carrar", die erste Fassung vom „Leben des Galilei" entstanden, und Brecht begann die Arbeit an den Projekten „Der Tuiroman" und „Die Geschäfte des Herrn Julius Cäsar". Helene Weigel schaffte es, in ihrer Familie keine tragische Emigrantenstimmung aufkommen zu lassen. Sie wirkte meistens ausgeglichen, und, ob sie Geld hatte oder nicht, sie versuchte für jeden etwas auf den Tisch zu bringen. Der kommunistische Schriftsteller und Journalist aus Berlin, Alfred Ostermoor, schrieb überglücklich seiner Frau: „Ich bin bei Brechts jederzeit zum Mittag willkommen." Helenes Fürsorge ging noch weiter: „Helli hat mir häufig und allerhand mitgegeben zum Kochen, wenn ich nicht dort gegessen habe. Dann haben sie mir auch Geld für mein Rad gepumpt." Wie schon in Berlin kochte sie „herrliche Mehlspeisen, wundersam gedünstete Safthühner".

Helene Weigel war für alles zuständig. Selbst wenn Brecht sich langweilte, sorgte sie für Gesprächspartner. Es kamen tatsächlich reichlich Besucher zu ihnen nach Dänemark. So auch

Brechts Vater, Brechts Bruder Walter, Rudolf Hartmann und Georg Pfanzelt aus Augsburg, George Grosz, Karl Korsch mit Frau und Tochter und Hanns Eisler mit seiner Verlobten. Und endlich auch Brechts geliebte Tochter Hanne. Brechts Vater sandte öfter über eine Deckadresse Päckchen nach Dänemark. Zu Weihnachten 1934 kamen aus Augsburg Nürnberger Lebkuchen, zwei Teppiche und Geschenke für die Kinder.

Im Spätherbst 1933 lud Brecht, den nach Hannah Arendt „bedeutendsten Kritiker seiner Zeit", Walter Benjamin, zum ersten Mal nach Dänemark ein. Brecht warb mit den Vorzügen der Insel: „Es ist hier angenehm. Gar nicht kalt, viel wärmer als in Paris. Sie kämen nach Ansicht Hellis mit 100 Kr (60 Reichsmark, 360 Fr) im Monat aus … Wir haben Radio, Zeitungen, Spielkarten, bald Ihre Bücher, Öfen, kleine Kaffeehäuser … und die Welt geht *stiller* unter." Die Obstbäume im Garten mussten mit Hölzern gestützt werden, und die Fischer stachen mit Lanzen in das Sundwasser und holten in einigen Stunden Dutzende von Aalen heraus. Brecht fand, dass er gut leben konnte. Benjamin kam tatsächlich in das Haus am Sund, und nicht nur einmal. Benjamin und Brecht, das war eine „Männerfreundschaft", die sehr kontrovers beurteilt wurde. So nannte Ernst Bloch in einem Schreiben an Karola Piotrkowska vom 5. November 1930 den „Akkord des geniehaft-alexandrinischen Benjamin, des geniehaft-ungewaschenen Brecht übermäßig kurios".
Die kleine Exilgemeinschaft verlegte sich auf Brett- und Kartenspiele. Helene Weigel spielte mit

Helene Weigel und Bertolt Brecht vor einer Aufführung von „Die Rundköpfe und die Spitzköpfe" im Teatret Rittersalen in Kopenhagen, 1936.

Benjamin „66", lernte dann Schach und wollte in einem Brief an ihn wissen, wann er Lust hätte, dieses Spiel mit ihr zu spielen, um sie „totzuärgern". Beim Pokerspiel ging es einmal um einen „doppelwhisky", ein anderes Mal wurde erbittert um ein Stück Lebkuchen gepokert, das Brecht nicht hergeben wollte. Eine kleine Chance, wieder zu arbeiten, hatte sich im Herbst 1933 für Helene Weigel ergeben. Sie sollte für einen Monat am Moskauer Sender mitarbeiten. Da sie jedoch lebensbedrohlich erkrankte, musste sie sich einer Operation unterziehen und nach Svendborg zurückkehren.

In Winter 1936 war Helene Weigel von der „Partido socialistico Unificado de Cataluña" nach Barcelona eingeladen worden. Daraufhin wollte sie von Erwin Piscator wissen, ob er dort für sie Arbeitsmöglichkeiten sähe. Als er ihr nachdrücklich von diesem Projekt abriet, schrieb sie ihm ziemlich verzweifelt: „Meine idiotische Existenz hängt mir sehr zum Hals raus. Ich war und bin auch noch immer eine brauchbare Person, und der Winterschlaf dauert zu lange." Helene Weigel musste heraus aus ihrer Häuslichkeit. Die erste Möglichkeit ergab sich 1937 mit der deutschsprachigen Uraufführung des Einakters „Die Gewehre der Frau Carrar". Brecht kam zu den Endproben. Das Ensemble bildeten die Mitglieder des Kabaretts „Die Laterne". Helene Weigel brillierte in der Hauptrolle. Die Deutsche Volkszeitung in Paris lobte sie in den höchsten Tönen: „Die Hauptrolle aber, die Frau Carrar, die Mutter, verkörperte Helene Weigel als Gast. Hier blutete und litt, kämpfte und überwand sich die Mutter für alle Mütter, und es gab niemand, der nicht von dieser höchsten herb-verhaltenen Leistung im Innersten erschüttert war."

Die Schauspielerin kehrte nicht sofort zu ihrer Familie nach Dänemark zurück, sondern schaute sich in Österreich, der Schweiz und in der Tschechoslowakei nach Arbeits- und Lebensmöglichkeiten um. Die „menage à quatre" zu Hause wurde immer unerträglicher für sie, und sie war entschlossen, sich scheiden zu lassen. Doch dann erhielt sie Anfang November 1937 folgende Resolution:

RESOLUTION VON STEFAN UND BERTOLT BRECHT AN HELENE WEIGEL

Werte Genossin,
der Gatten- und Söhnerat hat
beschlossen, Dich aufzufordern,
nach Erledigung Deiner Obliegenheiten
ohne Verzug zurückzukehren
und Deine Tätigkeit hier wieder aufzunehmen. Du hast Dich also baldmög-
lichst bei Untigen zu melden. –
Mit revolutionärem Gruß
Steff
Bidi

Brecht war also damals allein mit den Kindern. Er berichtete seiner Frau, sie seien in Ordnung. Die Tochter sehe er höchstens für Sekunden, da sie „gesellschaftlich überbürdet" ist. Steffs bisherige Erziehung müsse ausreichen. Mit ihm spiele er am Nachmittag Billard, was dem Knaben viel Freude bereite und er sich entschlossen habe, dieses Spiel auch seiner Mutter beizubringen. Mie koche ganz ordentlich, könne aber nicht den ganzen Haushalt bewältigen. Die Kinder hielten sich deshalb oft bei Frau Andersen auf. In diesem Brief bekam Helene auch noch Anweisungen. Sie solle sich „sittlich" benehmen und darauf achten, dass sie nicht zu dünn würde.

Helene Weigel kehrte am 17. November 1937 zu ihrer Familie zurück. Hatte sie eine andere Wahl? Sie reiste im Mai 1938 wiederholt nach Paris, wo sie mit dem Regisseur Slatan Dudow die Rolle der Therese in „Die Gewehre der Frau Carrar" einstudierte. Es gefiel ihr zwar nicht, aber Dudow verlangte kategorisch, schrieb sie nach Svendborg, „dass kein Mensch in die Probe darf, Piscator nicht, Benjamin nicht". Damals schrieb Anna Seghers über Helene Weigel: „Alles war da – nichts war vertan worden, nichts verloren gegangen von ihrer Begabung und ihren Kenntnissen." Anna Seghers freute sich sehr darüber, dass die „Weigel wieder spielen" konnte. Viele Jahre später gratulierte Helene Weigel „der beste(n) Anna in der Welt" zu deren 60. Geburtstag. Und Helene fand es wunderbar, dass „wir uns seit 30 Jahren lieben". Dazu gehören Talent, Freundlichkeit und Weisheit.

Aus Paris erhielt Brecht eine schöne Liebeserklärung von seiner Frau:

„Ich bräuchte Dich untern allen Umständen zu allen Dingen und allen Zeiten."

Schon im Februar 1938 hatte Helene Weigel die „Therese Carrar" in Kopenhagen unter der Regie von Brechts Geliebter Ruth Berlau gespielt. Ihr kleiner Auftritt in Paris im Mai 1938 war dann ihr letzter. Sie spielte „Die jüdische Frau" in Brechts „Bilder aus dem Dritten Reich". Unter dem Protektorat des Schutzverbandes Deutscher Schriftsteller gab man ihr drei Szenen in dieser deutschsprachigen Aufführung.

Das Haus am Skovbostrand hat 1981 die Stadt Svendborg gekauft. Mit Hilfe von Zuwendungen aus der DDR sollte daraus ein Brecht-Museum werden. Doch das scheiterte mit dem Ende der DDR. Der Svendborger Stadtrat machte das Haus schließlich zu einem Künstlerdomizil. Als erster deutscher Gast zog im Sommer 1996 der Hamburger Schriftsteller Günther Schwarzberg ein. Heute gibt es im Haus ein Telefon; das gab es noch nicht zu Brechts Zeiten. Telefonieren konnte Brecht nur aus dem Kaufmannsladen an der Hauptstraße. Der Inhaber erzählte: „Wenn Brecht Anrufe aus New York, Paris oder Moskau bekam, dann ging Villiam Möller runter zum Haus am Skovbostrand und rief: ‚Herr Brecht, Moskau ruft!' Das war natürlich eine Sensation in diesem winzigen Fischerort."

In England hätte Brecht für die kranke Margarete Steffin Orangen kaufen können, die sie gerne mochte.

„Die englische Küche"
Brechts England-Aufenthalte

Brecht hielt sich vom 3. Oktober bis 20. Dezember 1934 in London auf. Der Philosoph Karl Korsch hatte die englische Hauptstadt als Aufenthaltsort gewählt, weil es dort kein spezifisches Exilklima gab, keinen untereinander verfeindeten deutschen Emigrantenzirkel. Der Anlass für diese Reise Brechts waren Verhandlungen über die Herausgabe seiner Werke im Malik-Verlag. Bertolt Brecht berichtet seiner Frau, dass er in einer Pension ohne Essen wohne. Korsch wohne über ihm. Und die Theater in London seien vorsintflutlich. Für Margarete Steffin charakterisierte er seinen Aufenthalt in London: „Hier ist wieder das Herumlaufen auf dem Markt, die öden Zwischenzeiten, die Fleißaufgaben mit der Metro und den Bussen. Nur gibt es dieses Jahr keinen Tee, noch Kaffee zu Hause und das Mittagessen selb alleinig. Sonst ist London besser als Paris, größer und grauer, also besser." Er beklagt sich bei Margarete Steffin über die Londoner Kälte. Selbst den Gasofen in seinem Zimmer friere es. Über das Essen schrieb er ihr: „Essen tun die Engländer Leder und Gras." Und ein paar Tage später klagte er sehr über Magenschmerzen. „Die englische Küche ist lebensgefährlich." Am 13. November berichtete er Margarete: „Gestern abend ging ich durch die Tottenham Court Road. Da stand ein Händler mit einem Wagen voll Apfelsinen. Ich muß der Grete ein paar kaufen, dachte ich." Für einen Moment hatte Brecht geglaubt, seine Geliebte sei mit ihm in London. Brecht verarbeitete dieses Erlebnis in „Der Orangenkauf" (Englische Sonette):

ist lebensgefährlich."

Der Orangenkauf

Bei gelbem Nebel in Southamptonstreet
Plötzlich ein Karren Obst mit einer Lampe
An Tüten zupfend eine alte Schlampe
Ich blieb stumm stehn wie einer, der was sieht
Nach was er lief: nun wurd's ihm hingestellt.

Orangen mußten es doch immer sein!
Ich haucht in meine Hand mir Wärme ein
Und fischte in der Tasche schnell nach Geld
Doch zwischen dem, daß ich die Pennies griff
Und nach dem Preis sah, der auf Zeitungsblatt
Mit schmieriger Kohle aufgeschrieben war
Bemerkte ich, daß ich schon leise pfiff
Mit einem wurd's mir nämlich bitter klar:
Du bist ja gar nicht da in dieser Stadt.

Eine Mitarbeiterin des Propyläen-Verlags – dort erschien im April 1927 die erste Ausgabe von Brechts Hauspostille – war Grete Fischer. In ihrem Buch „Dienstboten, Brecht und andere" (1966) erwähnt sie, dass sie in derselben Pension gewohnt habe wie Brecht. Brecht habe sich mehrfach mit ihr getroffen. „Ich erinnere mich an Spaziergänge im alten proletarischen London um Sadlers Wells; in ein Kino in Kings Cross. An eine Hafersuppe, die ich für ihn in der Küche der Wirtin kochte, weil er Magenschmerzen und Angst hatte. Ich erinnere mich besonders an die ein, zwei Abende, wo er in meiner Bude saß und mich ernstlich zu bekehren versuchte. Denn damals warb er – und er hatte viele Gründe für sich – um Mitarbeiter an der ‚Sache'. Die Kommunisten waren anscheinend die einzigen, die aktiv gegen Hitler kämpften."

Margit von Brentano, eine Bekannte aus Berlin, erhielt im Dezember die Mitteilung, dass Brecht am 20. zurück nach „Dänisch-Sibirien" fahre: „London ist ein böses und zähes Städtchen. Die Eingeborenen hier gehören zu den heimtückischsten Europas. Es gibt eine hohe Kultur der Korruption, die dem Reisenden kaum zugänglich ist. Haben Sie gelesen, daß anläßlich der Heirat im Königshause hiesige Arbeitslose dem Prinzen ein Hochzeitsgeschenk überreicht haben?"

Der Anlass für die nächste Reise nach London vom 6. März bis 28. Juli 1936 war eine Einladung von Fritz Kortner für eine Filmarbeit. Brecht hatte wirklich die Hoffnung, ein Stück vom Kuchen des „internationalen Rauschgifthandels" abzubekommen. Helene Weigel erfuhr, dass die Arbeit mit Kortner sehr angenehm sei und er in einem kleinen Zimmer in der Abbey Road wohne. Diese Wohnung hatte ihm auf Wunsch des ebenfalls in der Abbey Road wohnenden Hanns Eisler die Emigrantin Gerda Singer (die spätere Theaterfotografin Gerda Goedhart) vermittelt. Sie war von Berlin über Wien nach London gekommen und verdiente ihren Lebensunterhalt durch Heilgymnastik. Von Brecht wusste sie nur, dass er ein paar mehr oder weniger umstrittene Theaterstücke geschrieben hatte. Zu seinem ersten Besuch zog sie ihr schönstes langes taubenblaues Taft-Abendkleid an, hochgeschlossen, mit langen Ärmeln, zündete den Kamin an, und „wir aßen Butterbrote und tranken Rotwein". Ein recht bescheidenes Mahl.

Als Brecht Gerda Singer fragte, ob sie Kommunistin sei, sagte sie ganz erschrocken „Nein!", und Brecht brach in schallendes Gelächter aus. Gerda Singer erinnerte sich gerne an die Londoner Tage: „Abends trafen wir uns oft bei Eislers.

Die Gespräche waren für mich ungeheuer interessant und anregend, auch wenn ich nur die Hälfte begriff. Manchmal ging ich mit Brecht in ein kleines Beisel um die Ecke zum Abendessen, manchmal auch ins Kino. Ich erinnere mich, wie wir ‚Modern Times' von Chaplin sahen. An einem Abend gab Eisler ein kleines Fest. Ernst Busch, der ebenfalls in London weilte, sang Brechts ‚Die Erinnerung an die Marie A.'. Die Musik dazu hatte Eisler geschrieben. Alle waren beflügelt und ‚wie trunken'."

Für Brecht war diese Zeit in London eine Erfahrung, die er „nicht ohne Wert" nannte. Er arbeitet für Kortner als Angestellter, erhielt Wochenlohn und war immer froh, wenn nach der Tagesarbeit das eigentliche Leben begann.

Beim Mittagessen – er aß bei der sehr netten Hanna Kortner – hörte alles wie mit einem Schlage auf. Da fühlte er sich wieder als der „große Dichter". Nach dem Essen nahm er sich das Vorrecht, sich niederzulegen, aber dann, nach dem Kaffee, änderte sich die Situation wieder.

Brecht, der sehr motiviert nach London gekommen war, wollte für die angebotenen 500 Pfund etwas leisten und machte tatsächlich Vorschläge, die allerdings die Filmproduzenten nicht wenig entsetzten und die Drehbuchschreiber sowie Startenor Richard Tauber nur in ihrer Routine störten. Brecht sollte das Bajazzo-Drehbuch umarbeiten, aber seine Vorstellungen stimmten mit denen der Produzenten nicht überein. Hanns Eisler erinnerte sich: „Was soll das? Es tauchen interessante Dialoge auf. Na, ganz unerträglich … ‚Das geht zu weit, Herr Brecht … Hier ist das Restgeld, auf Wiedersehen, Herr, kommen Sie gar nimmermehr her.' Und das hat den Brecht ungeheuer gekränkt. ‚Was, nicht einmal in der Kloake will man mich benutzen!'"

Eine genau gegenteilige Erfahrung mit dem Essen machte Bertolt Brecht im Juni 1955 nach der Aufführung von „Der kaukasische Kreidekreis" in Paris, der „wie ein Blitz einschlug". Wladimir Pozner hatte ihn in ein Restaurant an den Seine-Quais eingeladen, wo das Essen „von Trester und Branntwein durchzogen, in Weinblätter gewickelt, in Gewürzen gewälzt, mit Asche bestreut" war. Nach dem Essen soll Brecht gesagt haben: „Ich würde diese Käseplatten gern im Foyer meines Theaters ausstellen, um den Deutschen beizubringen, was Kultur ist."

„…der den Krieg

1939

Schweden

„Land Nr. 3" nannte Brecht Schweden, das er und Helene Weigel als neues Exilland im April 1939 ansteuerten. Sie fuhren am 22. April mit 34 Kisten erst per Schiff nach Malmö und mit dem Nachtzug nach Stockholm. Sie kamen zunächst im Hotel Pallas, Klarabergsgatan 37, unter. Erfreulicherweise stellte ihnen die Bildhauerin Ninnan Santesson auf der Insel Lidingö ihr Haus zur Miete zur Verfügung. Das Haus hatte eine wunderschöne Umgebung, und Brechts Arbeitszimmer, bisher das Bildhaueratelier, war riesengroß. Hier entstanden die erste Fassung der „Mutter Courage und ihre Kinder" und das Hörspiel „Das Verhör des Lukullus". In dieser von April 1939 bis April 1940 dauernden Exilzeit entstand eine enge Freundschaft zu dem Maler Hans Tombrock. Ruth Berlau, die ebenfalls nach Schweden mitgekommen war, behauptete, dass Tombrock neben Otto Müllereisert Brechts engster Freund wurde, mit dem er viel über Privates gesprochen habe. „Tombrock hat er sehr geliebt."

Helene Weigel schuftete wieder einmal, um alles wohnlich einzurichten. Margarete Steffin berichtete einem Freund: „Sie kocht allein für 6 Leute (für Familie Brecht, Ninnan Santesson und Margarete Steffin)! Und da sie jetzt, weiß der Teufel, aus welchen Gründen immer, zweimal am Tag warmes Essen macht (ich glaube,,man' macht das

sich in einem kleinen spanischen Grenzort mit Gift das Leben genommen hatte. Der Selbstmord lag damals schon zehn Monate zurück. Die Gendarmerie hatte den kleinen Trupp, zu dem er gehörte, aufgehalten. Als seine Reisebegleiter am nächsten Tag ihm mitteilen wollten, dass die Weiterreise gestattet sei, fanden sie ihn tot. Brecht schrieb später vier Gedichte für Benjamin, die höchste Form der Würdigung.

Das Haus der Bildhauerin Ninnan Santesson auf Lidingö. Dort wohnte die Familie Brecht von 1939-1940.

beginnt ohne Gott und mit Brotkarte"

in Schweden), hat sie furchtbar viel zu tun. Nur ein paar Stunden am Tag kommt eine Hilfe, aber die schafft nicht mal, das ganze Haus sauber zu machen." Und Margarete erwähnte, Helene Weigel habe für September vier Vortragsabende an Göteborger Schulen vermittelt bekommen.

Als Walter Benjamin im Sommer 1939 Helene Weigel zum Geburtstag gratulierte, war sie „gerührt, geschmeichelt und geehrt. Unter uns: Die Familie hat nicht daran gedacht! Hübsche Familie habe ich mir großgezogen". Sie teilte ihm weiter mit, dass sie sich in der neuen Umgebung ganz gut zurechtfinde. Außerdem staune sie darüber, dass alles, was man kauft, nicht Ersatz, sondern Original war, z.B. die Makkaroni, italienische Makkaroni, der Essig – Weinessig –, die Käse aus dem Land, in dem sie bereitet werden.

Walter Benjamin mochte Helene Weigel sehr. Der Schock kam im August 1941, denn erst damals, einige Tag nach der Ankunft der Brechts in Kalifornien, erfuhren sie, dass Walter Benjamin

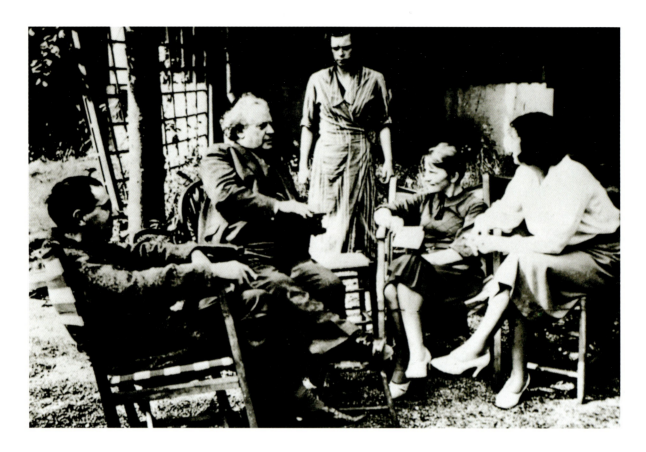

Am 1. September 1939 begann der Zweite Weltkrieg. Bertolt Brecht hörte Hitlers damalige Radiorede. Er fand sie „auffallend unsicher", da töne „die Clique, der *gang*, der Fremdkörper, der den Krieg beginnt ohne Gott und mit Brotkarte".

Für Anfang September war in Stockholm ein PEN-Kongress einberufen worden. Wie Margarete Steffin Fredrik Martner mitteilte, wollte Bertold Brecht an den Arbeitssitzungen teilnehmen, „aber nicht an den Essen und dem Tee-Empfang beim König (für den auch Frack oder ähnliches vorgeschrieben ist – können Sie sich Brecht darin vorstellen? Ich meine, er würde ihm gut stehen. Aber er hat keinen, dieser Unglückliche)."

Brecht schrieb im Januar 1940 „eine kleine Detektivnovelle" und benutzte dafür „als Milieu ein Abendessen mit Renoir und Koch" (1933 in Paris). Die Novelle „Eßkultur" hat für dieses Buch eine besondere Aussagekraft. Die Erzählung spielt in einem der „köstlichen alten Landhäuser in der Umgebung von Paris" mit hohen Fenstern, einer grünlich geblümten vom Kaminfeuer erhellten Tapete:

Vier Personen, ein Maler und seine Frau, ein Kunsthändler und ein Deutscher, eben der Erzähler, bilden eine Gesprächsrunde. Der Maler, seiner Leibesfülle wegen „der Berg" genannt, brät an einem eisernen Spieß auf einem Dreifuß ein mächtiges Rinderstück. Seine Frau bereitet in einer riesigen Schüssel den Salat zu. Dabei kommt man angesichts des „großen, fetttriefenden Rinderstücks" auf die Deutschen zu sprechen, die den Materialismus gänzlich vergeistigt und von Anfang an „aus ihren Betrachtungen den ‚niedrigen' Materialismus ausgeschieden und sich dem höheren zugewendet haben, der mit der Freude am Essen nichts mehr zu tun hat. Alle greifbaren Ge-

*Linke Seite: Im Exil im Lidingö 1939: Brecht mit Martin Andersen Nexö, dessen Tochter, Margarete Steffin und Frau Nexö, 1939.
Unten: Die Versorgungslage wurde immer schlechter. Für Brot brauchte man Marken.*

nüsse, das Brot, der Wein, die Liebe, verflüchtigten sich bei ihnen." „Bergs" Ehefrau hat den Salat schnell zubereitet. Mit seinem langstieligen Schöpflöffel schaufelt er das Fett aus dem Kar über das Rinderstück. Yvette gibt träumerisch von sich, dass sie die Deutschen mag. „Das ist das Schlimmste, was bisher über uns gesagt wurde", wehrt sich der Erzähler. „Seid froh, dass ich nur geistig reagiere und niemandem diesen Schemel hier an den Kopf werfe. Nette Esssitten sind das bei euch. Der Braten ist gebraten, der Salat ist lecker, der Gast ist gewarnt. Er wird examiniert werden, ob er den Genüssen gewachsen ist. Wehe ihm, wenn er nicht schmatzt!"

Die weiteren Gespräche drehen sich um das Thema Kolonialpolitik, die auf eine Kritik an der barbarischen französischen Kolonialpolitik hinausliefen. Darüber weiß „Berg", der frühere Kolonialoffizier, Bescheid. Er soll auf Wunsch seiner Frau, die Geschichte von den Kabylen und dem Koch in den Kasematten von Tanger erzählen. Bevor er beginnt, zerreißt er ein Weißbrot, wirft die Stücke in seinen Teller und fegt damit das Fett aus. Dann beginnt er seinem Bericht mit folgendem Inhalt: In dem von den Franzosen grausam geführten Krieg gegen die Rifkabylen wurden eines Nachmittags 70 Gefangene eingebracht, die seit zwei Tagen ohne jede Nahrung unterwegs waren. Die Ordnung der Festung bestimmte, dass sie erst am anderen Morgen Essen bekommen sollten. Sie standen und lagen eingepfercht in einer Steinhöhle und schrien vor Hunger. Der mitleidige Koch nahm einen Korb voll alter Brotlaibe, bestach die Wache mit Zigaretten, und die Gefangenen bekamen somit Brot. Er ging ein zweites Mal, um seinen dort vergessenen Korb zu holen. Am Morgen fand man den Koch erschlagen in der Kasematte. Die steinharten Brote waren bis auf eines ungegessen. Bei den Gefangenen waren keine Waffen zu finden. Der Mord wurde nie aufgeklärt. Doch Brecht, ein Liebhaber der Kriminalromane, ließ den kleinen Kunsthändler die Lösung finden. Der Koch konnte nur mit einem Brot erschlagen worden sein, einem alten Brotlaib, zu hart für die Kauwerkzeuge der Kabylen. Und zu hart für den Schädel des Kochs. Der Mörder allerdings musste sein Brot essen, sonst hätte man das Blut daran entdeckt. Der Kunsthändler fasste diese zweiteilige Geschichte zusammen. Er sagte mit ernsthaften Ton: „Ja ... sie verstanden sich aufs Brot. Die Kultur war auf ihrer Seite."

Als am 9. April 1940 deutsche Truppen in Dänemark einmarschierten und begannen, Norwegen zu besetzen, da wusste Brecht, dass eine erneute Übersiedlung anstand.

...eine Zeit ohne Fr
nur wenig oder schle

eunde, in der es chtes Essen gab...

1940
Finnland

Am 17. April 1940 war der Aufbruch nach Finnland. Wieder hieß es Koffer packen, allerdings musste einiges an Möbeln, Büchern usw. zurückbleiben. Barbara Brecht-Schall erinnerte sich an diese Zeit nur mit dem Gedanken an „eine Zeit ohne Freunde, in der es nur wenig oder schlechtes Essen gab". Sie liebt das Gedicht, das ihr Vater 1940 für sie geschrieben hatte:

Wir sind jetzt Flüchtlinge in Finnland

Meine kleine Tochter
Kommt abends schimpfend nach Hause, mit ihr
Will kein Kind spielen. Sie ist Deutsche und entstammt
Einem Räubervolk!

Wenn ich ein lautes Wort wechsle in der Elektrischen
Werde ich zur Ruhe verwiesen. Man liebt hier nicht
Laute Wort von einem
Der aus einem Räubervolk stammt.

Wenn ich meine kleine Tochter erinnere
Daß die Deutschen ein Räubervolk sind
Freut sie sich mit mir, daß sie nicht geliebt werden
Und wir lachen zusammen.

Helene Weigel ging wieder einmal auf Wohnungssuche. Bertolt Brechts Kommentar dazu: „Kleine leere Wohnung in Töölö für einen Monat ergattert. Helli fuhr mit dem Lastauto herum und holte sich in zwei Stunden die nötigen Möbel zusammen, fünf Leute borgten sie, die wir gestern nicht kannten."

Von Juli bis Oktober 1940 wohnte die Familie dann auf Gut Marlebäck, einem Besitz der finnischen, 1886 in Estland geborenen, sehr gebildeten Schriftstellerin Hella Wuolijoki. Sie betätigte sich auch politisch und war bei den Friedensverhandlungen mit der UdSSR dabei. Außerdem war sie besonders im Holzhandel erfolgreich gewesen und bewirtschaftete das Gut Marlebäck, das sie seit 1920 besaß. Helene Weigel konnte eine alte Kirchenbank erwerben, die anstelle von Stühlen in ihrer Küche benutzt wurde. Barbara hatte sogar eine von ihrer Mutter aus Kisten und Packpapier gebastelte Puppenstube. Barbara, damals gerade zehn Jahre alt, kann sich noch gut daran erinnern, wer wo wohnte in diesem strohgedeckten, weiß gekalkten Haus. Sie und ihr Bruder hatten eigene Zimmer, Vaters Bett stand in seinem Arbeitszimmer, und Mama schlief auf dem Dachboden, der über eine ausklappbare Treppe zu erreichen war. Da dort auch die Äpfel gelagert wurden, roch es immer sehr gut.

Von Hella Wuolijoki stammt die Beschreibung des Kaffeegenießens im Kaminzimmer: „Brecht kauerte in seinem Sessel an der Verandatür, dunkel und ohne Kragen, seine ewige Zigarre rauchend, Helene mit ihrem edlen Profil und ihren schlanken Fingern bediente unsere silberne Wiener Kaffeemaschine …, sorgsam maß sie das kostbare, duftende Pulver ab, das uns Maurice Hindus in seiner grenzenlosen Güte in den Amerika-Paketen mitschickte. Die Finger der großen Tragödin waren hoffnungslos rau und gerötet vom Kartoffelschälen und Geschirrspülen für ihre Flüchtlingsfamilie, und ihr Haar von den Sorgen ergraut, aber ihre Augen strahlten Humor und Lebensfreude aus … Brecht brauchte die Tasse Kaffee nach dem Abendessen, wie wir alle."

Hin und wieder erlaubt sich Helene, wenigstens ein paar Stunden ihrem Hausfrauendasein zu entfliehen. Margaret Steffin schrieb an Ninnan Santesson: „helli lässt dir tausend grüße sagen, sie wollte immer wieder schreiben, aber erst lag sie stundenlang am wasser, bis vor kurzem noch, und dann ging sie sehr lange in den wald, pilze zu suchen, das ist so ein vergnügen für sie, wie sie sagt." Steffin fügte noch verächtlich hinzu: „Ich kann es nicht verstehen."

Ruth Berlau traf Mitte Mai in Helsinki ein. Helene Weigel und Margarete Steffin empfanden dies als Zumutung. Die Exzentrische hatte genügend Selbstbewusstsein, bei den Brechts zu bleiben. Auf Druck von Helene Weigel und der Hausvermieterin zog Ruth Berlau in ein großes weißes Zelt, ganz in der Nähe des Gutshauses.

Vorherige Doppelseite: Das Ehepaar Brecht und Weigel 1939 in Lidingö.
Unten: Helene Weigel und Tochter Barbara, 1940.

Marlebäck, das heute vom Verband der Papierindustriearbeiter als Ferien- und Freizeitobjekt genutzt wird, war das Haus, das sich Brecht auf dem Land gewünscht hatte, eine richtige Landvilla. Eine wahre Idylle für Brecht: „Wir sind sehr schläfrig; wahrscheinlich von der ungewohnten Luft. Der Birkengeruch allein ist berauschend und auch der Holzgeruch. Unter den Birken gibt es reichlich Walderdbeeren, und auch das Sammeln macht die Kinder müde."

Der Eingang ins Haus führt links gleich in die Küche, klein, schmal und weiß gekachelt. Brechts Sorge galt der Tätigkeit seiner Frau: „Ich fürchte, dass das Kochen für Helli schwierig wird, es ist nötig, den Ofen zu heizen, und das Wasser ist nicht im Haus." Doch Helene Weigel meisterte auch dieses. Der Familie ging es gut, wenigstens für kurze Zeit.

aus gebeizter Kiefer entlang der Wand, seine chinesischen Masken, ein Spruch von Lenin, Bücher und ein Foto von Helene Weigels schönem großflächigem Gesicht, das hier später vielen Rollen Platz bot.

Und dieser Sommer 1940 war eine produktive Zeit für Brecht. Er überarbeitete den „Guten Mensch von Sezuan", schrieb Epigramme und begann die Arbeit an den „Flüchtlingsgesprächen". Und dort entstand eines seiner meistgespielten Stücke: „Herr Puntila und sein Knecht Matti", ein Werk, das die finnische Lebensweise so typisch aufzeigt. Die Titelfigur und das Handlungsgerüst entstammten einem bereits vorliegenden Schwank, verfasst von seiner Gastgeberin Hella Wuolijoki. Mit diesem Stück schuf Brecht „Platz für Erzählungen aus dem finnischen Volksleben". Für wie wichtig Brecht diese Komödie hielt, zeigt

---

FINNISCHE GUTSSPEISEKAMMER 1940

```
O schattige Speise! Einer dunklen Tanne
Geruch geht nächtlich brausend in dich ein
Und mischt sich mit dem süßer Milch aus großer Kanne
Und dem des Räucherspecks vom kalten Stein.

Bier, Ziegenkäse, frisches Brot und Beere
Gepflückt im grauen Strauch, wenn der Frühtau fällt!
Oh, könnt ich laden euch, die überm Meere
Der Krieg der leeren Magen hält!
```

Brecht notierte bald: „Über Europa fallen die Schatten einer riesig heraufziehenden Hungersnot. Hier ging der Kaffee nun aus, der Zucker wurde knapp. Die Zigarren (für mich Produktionsmittel) werden unerschwinglich. Alles und jedes zeigt die wachsende Macht des Dritten Reiches."

Bertolt Brecht richtete sich seinen Arbeitsraum in einem früheren Stall ein: ein langer Tisch

Die finnische Dichterin Hella Wuolijoki, in derer finnischen Gutsspeisekammer es Ende der 30er Jahre noch Milch und Räucherspeck gab.

der Umstand, dass er sie nach seiner Rückkehr aus Amerika in Zürich sofort inszenierte und sie auch als Eröffnungspremiere des Berliner Ensembles wählte.

Als Brecht „den Puntila" schrieb, freute er sich über die fischreichen Gewässer, die Birkenwälder, war fasziniert vom Beerengeruch, Gefühle, die ihm unerlaubt schienen, wenn er an das Kriegsgeschehen dachte. Es tobte die Schlacht um England, und in der finnischen Idylle entstand die Komödie um einen Gutsbesitzer, der nur menschlich ist, wenn er betrunken ist. Um Essen und Trinken geht es reichlich in diesem Stück. Was der ärmsten Person auf dem Hof an Lebensqualität zugestanden wird, das schildert das namenlose Kuhmädchen. Und so sah ihr Tagesablauf aus: Es muss um halb vier aufstehen, den Kuhstall ausmisten und die Kühe striegeln, Milcheimer mit Soda und scharfem Zeug auswaschen. Dann trinkt sie ihren Kaffee, eine stinkende und billige Brühe, und isst dazu ein Butterbrot. Am Nachmittag kocht sie sich Kartoffeln und isst Sauce dazu. Fleisch bekommt sie nie, aber wenn sie Glück hat, dann schenkt ihr die Haushälterin ein Ei, oder sie findet eins im Stall. Am Tag muss sie 120 Liter Milch herausmelken. Auf die Nacht isst sie wieder Brot und Milch, von der sie pro Tag zwei Liter bekommt. Alles andere, was sie sich hin und wieder kocht, kauft sie auf dem Gut. Die Telefonistin im Stück baut ihre Kartoffeln selbst an, den Strömling kauft sie sich dazu. Sie beklagt sich über den ständig steigenden Preis für Kaffee.

Helene Weigel hatte eine wahre Leidenschaft für Pilze. Sie sammelte sie gerne und bereitete köstliche Gerichte daraus. Zwei Rezepte dazu finden Sie auf den Seiten 210 und 211.

Hellis Leidenschaft für Pilze stand sicher Pate für die folgende Szene: Die Pröbstin will von der Köchin Laina wissen, ob sie schon Pilze einlegt habe. Laina antwortet, dass sie die Pilze nicht einlege sondern trockne. Sie schneide sie in grobe Stücke, fädele sie mit einer Nadel auf einer Schnur und hänge sie in die Sonne. Die Pröbstin ihrerseits erklärt Laina, dass sie die Champignons nicht einsalze, sondern mit Zitrone in Butter einkoche. Die Pilze müssen so klein sein wie ein Knopf. Außerdem nehme sie auch Milchpilze zum Einlegen. Laina entgegnet, dass Milchpilze nicht gerade feine Pilze zu nennen seien, aber gut schmeckten. Nur Champignons und Steinpilze seien feine Pilze. Während dieser Unterhaltung kommt Eva zurück mit einer Platte mit Heringen. Matti erkundigt sich bei ihr, wie oft sie in der Woche Hering essen wolle, was sie mit „drei Mal" beantwortet. Matti meint dazu, dass seine Mutter, eine Gutsköchin, fünfmal die Woche Hering gegessen habe, Laina bot ihn achtmal an.

Es folgt das Heringsessen in „Herr Puntila und sein Knecht Matti". Der Knecht prüft Eva, die Tochter seines Herrn, auf ihre Ehrlichkeit, indem er sie ein Heringsgericht auftischen lässt. Eva bringt es, ohne rechten Sinn für dieses Brot des armen Volkes zu zeigen. Matti aber zelebriert, den Fisch am Schwanz hochhaltend: „Willkommen, Hering, du Belag des armen Volkes! Du Sättiger zu allen Tageszeiten und salziger Schmerz in den Gedärmen! ... O Hering, du Hund, wenn du nicht wärst, möchten wir anfangen, vom Gut Schweinefleisch verlangen und was würd da aus Finnland? *Er legt ihn zurück, zerschneidet ihn und gibt allen ein Stückchen.*" Hier scheut man sich, an eine Analogie mit dem Abendmahl zu denken. Und doch ist es da, zumindest der Form nach – nicht bloß Spott oder platte Verulkung. Matti erzählte seinem Herrn von einem seiner Herren in Viborg, der zu allen Tageszeiten essen konnte. „Mitten am Nachmittag, vorm Kaffee, hat er sich ein Huhn braten lassen. Das Essen war eine Leidenschaft bei ihm."

In diesem Stück fließt unendlich viel Aquavit, Burgunder, Likör und Punsch und legal hergestellter Schnaps. Doch eines Tage beschloss Puntila, sich dem Fluch des Alkohols zu entziehen. Er wies Laina an, alle Flaschen heranzuschleppen, denn er wolle jede einzelne Flasche zerschmeißen. Ein Vorhaben, das nicht von Erfolg gekrönt war. Nur der Richter wünschte sich die „schöne Buttermilch". Die trank er immer auf Puntila nach dem Dampfbad.

In Finnland schrieb Brecht auch das Stück „Der aufhaltsame Aufstieg des Arturo Ui", ein Versuch, der kapitalistischen Welt den Aufstieg Hitlers dadurch zu erklären, dass er in ein ihr vertrautes Milieu versetzt wurde. Im zweiten Akt kommen Butcher und Flake, zwei Führer des Karfioltrusts, in das Hinterzimmer in Dogsboroughs Gasthof und treffen auf Dogsborough und seinen Sohn, die Gläser spülen. Ihnen wird die Aktienmehrheit in Sheets' Reederei angeboten. Doch die Gespräche sind schwierig.

`Dogsborough:`

Ich sah euch ungern auf dem Weg. Die Stadt
Ist keine Suppenschüssel, in die jeder
Den Löffel stecken kann ...

Schaut, was verkauft ihr? Karfiol. Das ist
So gut wie Fleisch und Brot. Und Fleisch und Brot
    Und Grünzeug braucht der Mensch. Steaks ohne
    Zwiebeln
    Und Hammel ohne Bohnen und den Gast
    Seh ich nicht wieder!...

Finnland bedeutete damals das einzig noch verbliebene Schlupfloch, um aus Europa fliehen zu können. Brecht betrieb die Ausreise in die USA schon seit langer Zeit. Er beschloss nun, die entsprechenden Behörden ständig an seine Verbindungen zu einflussreichen Leuten in den Vereinigten Staaten zu erinnern, besonders an die guten und engen Kontakte zu Lion Feuchtwanger und Dorothy Thompson. Von beiden war bekannt, dass sie direkten Zugang zum Weißen Haus in Washington hatten.

Und eines Tages kamen dann die Pässe für die Ausreise: „Der Pass ist der edelste Teil von einem Menschen. Er kommt auch nicht auf so einfache Weise zustand wie ein Mensch." So räsonierte der Flüchtling „Kalle" im Bahnhofswartesaal in Brechts „Flüchtlingsgesprächen".

Anfang Mai 1941 geriet Helene Weigel in Panik. Sie hatte gehört, dass deutsche Kriegsschiffe vor Turku gesichtet worden waren. Die Abreise nach Leningrad erfolgte am 16. Mai. Vorher gaben finnische Freunde, darunter Sylvi-Kyllikki Kilpi, Erkki Vala und Elmer Diktonius, für Brecht und Weigel – es war deren 41. Geburtstag –, ein Abschiedsessen in einem Turmrestaurant. Dort erfuhren sie durch den förmlich hereinstürzenden Direktor, Rudolf Hess sei in Schottland gelandet als Flüchtling. „Hitler sagt die Vernichtung der Insel voraus, sein Stellvertreter bringt sich dorthin in Sicherheit! Sehr epische Dramatik, das!", schrieb Brecht.

Zwei Jahre später, am 8. Mai 1942, steht in Brechts „Journal Amerika" zu lesen: „Die Finnen kämpfen immer noch. Die menschliche Geduld ist etwas zum Verzweifeln. Welch ein Hunger schon vor einem Jahr! Bis ich eine Orange erobert hatte für Grete oder ein Ei – ich brachte es, als hinge gerade an dieser Orange oder diesem Ei ihr Leben." Die karge Kost in Finnland – fast kein Fleisch, wenig Fette, kein Gemüse, kein Obst – machte Brecht auch für die Verschlechterung des Gesundheitszustandes von Margarete Steffin verantwortlich.

1941
Moskau

Mit den entsprechenden Papieren gelang dann die Ausreise aus Finnland. Die Zugfahrt über Leningrad nach Moskau in Waggons aus der Zarenzeit wurde sogar gemütlich für die Kinder. Und doch wusste jeder, dass sie nach Goebbels' Aussage „nur Kadaver auf Urlaub" waren und man tatsächlich unter Toten ging.

Die Familie hatte ein einziges Schlafwagenabteil, Ruth Berlau ein weiteres. Man konnte sich im Zug frei bewegen, kleine Salons zum Schachspielen oder Radiohören aufsuchen und Tee aus einem Samowar holen. Die Neuankömmlinge erhielten in Moskau ein Zimmer im Hotel Metropol. Sie gerieten in eine große Feier, die auf Staatskosten stattfand: den 50. Geburtstag von Johannes R. Becher. Es gab reichlich zu essen und zu trinken, die Stimmung schien gut. An dieses Ereignis kann sich Barbara Brecht-Schall gut erinnern. Sie bemerkte, dass ihr Vater eine wichtige Person sein musste. Zum Nachtisch gab es „Alaska", innen Eis, außen brannte es, also eine flammende Baisermasse. Barbara wurde als Erste bedient, weil Nachtische in der Sowjetunion immer zunächst den Kindern serviert wurden. Dass diese Reihefolge eine 10-Jährige begeistern konnte, ist verständlich. Und wie sie selber später sagte: „Ja, an solche Belanglosigkeiten, die einem Kind aber wichtig sind, erinnere ich mich."

Im Transsibirienexpress, östlich des Baikalsees, erreichte die Familie ein Telegramm, in dem der Tod von Brechts Geliebter und engsten Mitarbeiterin, Margarete Steffin, mitgeteilt wurde. Die Todesursache war eine Tuberkulose. Brecht litt sehr unter dem Tod seiner „kleinen Lehrerin". Für ihn stand fest: „Hitler hat sie umgebracht und der Hunger. Hitler lebt noch, und der Hunger beherrscht die Welt."

Zum „Hungern" hat sich auch Herr Keuner geäußert. Er könne überall leben, wenn er leben will, wo Hunger herrscht. Er gab zu, dass es ein großer Unterschied ist, ob er selber hungere oder ob er lebe, wo Hunger herrscht. Aber zu seiner Entschuldigung führte er an, dass für ihn, im Gegensatz zu anderen, leben, wo Hunger herrscht, wenn nicht ebenso schlimm wie hungern, so doch wenigstens sehr schlimm ist. „Es wäre ja nicht wichtig, wenn ich Hunger hätte, aber es ist wichtig, daß ich dagegen bin, daß Hunger herrscht."

NACHT AUF DER NYBORGSCHALUPPE
Frührot im finnischen Ried
Zeitung und Zwiebelsuppe
New York, fiftyseventh Street

Im Paris der Kongresse
Svendborg und Wallensbäk
Londoner Nebel und Nässe
Auf der Anni Johnsons Deck

Zelt auf der Birkenkuppe
In Marlebaecks Morgengraun
O Fahne der Arbeitertruppe
In der Altstadt von København!

„Hier kommt man sich vor wie Franz Lenin im Prater (oder Oktoberfest) oder eine Wurst im Treibhaus."

von Assisi im Aquarium,
, eine Chrysantheme im Bergwerk

1941

Das amerikanische Exil in Santa Monica

Am 13. Juni 1941 ging die kleine Reisegruppe mit zwanzig verbleibenden Gepäckstücken zusammen mit weiteren einundfünfzig Personen an Bord der SS Annie Johnson, zum Kummer aller mit nur einer einzigen Kabine. Ruth Berlau freundete sich mit einem Funker an, der ihr seine Kajüte zur Verfügung stellte. Die Verpflegung an Bord, samt Kapitänsdinner, war reichlich. Es wurden an Deck Spiele veranstaltet, und es gab sogar einen kleinen Swimmingpool. Doch den konnten Stefan und Barbara nur selten benutzen, denn sie hatten Ziegenpeter bekommen und steckten damit auch die Berlau an.

Als das Schiff für einige Tage auf den Philippinen anlegte, versuchten Weigel und Brecht einen Laden in Hafennähe zu finden, um Kleidungsstücke einzukaufen. Bei ihrer Ankunft in „San Pedro", dem Hafen von Los Angeles, am 21. Juli 1941 wurden sie von Marta Feuchtwanger und dem Schauspieler Alexander Granach begrüßt. Ruth Berlau setzte sich ab. Marta Feuchtwanger hatte bereits ein voll möbliertes Haus im spanischen Stil in der Argyle Avenue 1954 gemietet, das Brecht zu „hübsch" erschien. Also wechselte die Familie in ein anderes Haus, das sie in der 25ten Straße 817 in Santa Monica mieten konnten. Der Blick in das kleine Gärtchen war sehr erfreulich. Es wuchsen dort rotblühende Büsche, eine Palme, und es luden schöne weiße Gartenstühle zum Sitzen ein.

Von 1942 bis 1947 wohnte die Familie dann in dem typisch amerikanischen „Ranchstil"-Haus des Mittelwestens, 1063 26th Street, das erworben werden konnte. Es war geräumig, mit vier Schlafzimmern im oberen Stock, im Parterre befand sich neben dem Wohn- und Speisezimmer ein sieben Meter langes Arbeitszimmer, das mit vier Tischen ausgestattet war.

Im Garten waren alte Bäume – Pfeffer- und Feigenbäume, Zitronen, Orangen und Aprikosen. Es ist schwer zu verstehen, dass Brecht sich ständig beklagte, dort wohnen zu müssen. Halb Europa lag in Trümmern, Bombenangriffe waren in Deutschland das tägliche Brot. Er nannte Santa Monica eine „würdelose Stadt"; er konnte dem blühenden Land Kalifornien nichts Würdevolles abgewinnen. Er schrieb damals das Gedicht „Die Rückkehr", das auf Heimweh nach Augsburg, seiner „Vaterstadt", schließen lässt. Brecht sehnte sich ständig nach Europa, nach einem Spaziergang am Lech, zurück: „Hier kommt man sich vor wie Franz von Assisi im Aquarium, Lenin im Prater (oder Oktoberfest), eine Chrysantheme im Bergwerk oder eine Wurst im Treibhaus."

Vergessen scheint, wie sehr ihn einst dieses Deutschland und dessen Einwohner „langweilten", wie er das Vaterhaus geschmäht und das Fremde gepriesen hatte. Doch der exotische Himmel der Ferne verwandelte sich viel zu schnell in eine Hölle. Erlöst bekannte er im Dezember 1947, als er sich mit Hölderlins Übertragung der Antigone beschäftigte: „Ich finde schwäbische Tonfälle und gymnasiale Lateinkonstruktionen und fühle mich daheim, auch Hegelisches ist da herum."

Am 7. Dezember 1941 griffen die Japaner Pearl Harbour an, den Hauptstützpunkt der USA-Flotte im pazifischen Raum. Einen Tag später erklärten die USA und Großbritannien Japan den Krieg. Am 11. Dezember 1941 folgten die Kriegserklärungen des Deutschen Reiches und Italiens an die USA. Brecht schrieb dazu in sein Journal: „Die Russen haben Hitlers ‚größte Armee der Welt' zerbrochen.

Das erste Weihnachtsfest, das man 1941 in den USA erlebte, wurde mit vielen Freunden gefeiert. Um den Baum versammelten sich bei den Brechts Elisabeth Bergner, ihr Mann Paul Czinner, Alexander Granach, Fritz Lang sowie Marta und Lion Feuchtwanger. Mit Letzterem arbeitete Brecht damals besonders gern und eng zusammen. Zum Silvesterabend folgte eine Einladung bei Elisabeth Bergner, auf die Brecht längst ein Auge geworfen hatte. Die Bergner und die Weigel kannten sich schon aus der Berliner Zeit. Helene Weigel nannte in dieser Zeit die Frauen, mit denen sich Brecht näher einließ, den „Brechtschen Schwesternverein". Elisabeth Bergner, die elegante Schauspielerin aus Wien, war ab 1922 am „Deutschen Theater" in Berlin, ab 1924 dann schon Filmstar mit dem Etikett Sexidol. 1966 hatte Brecht für sie „Die Kameliendame", in den USA mit dem Titel „The Duchess of Malfi", bearbeitet. Während die Bergner damals noch in London spielte, schien Helene Weigel von den Bühnen Eu-

Vorherige Doppelseite v.l.n.r.: Brecht, Frank Warschauer, Lion Feuchtwanger, dessen Schwager, sitzend: Feuchtwangers Schwester Franziska, Marianne Zoff und Marta Feuchtwanger im Lunapark in Berlin 1923. Die Feuchtwangers gingen mit Brecht ins Exil.
Unten: Bertolt Brecht persifliert Stalin in Santa Monica, seine Frau sieht belustigt zu.

ropas verschwunden zu sein. Erich Maria Remarque kam ebenfalls zur Silvesterfeier. Er wurde begleitet von der Schauspielerin Lupe Vélez, die als „Mexikanische Giftnudel" bekannt war. Zu Weihnachten hatte Helene Weigel einen kleinen Schminkspiegel von ihrem Mann bekommen, den er für sie eigens hatte anfertigen lassen. Geschminkt hat sich die Weigel ausschließlich für die Bühne, privat so gut wie nie.

Dem Weihnachtsfest, drei Jahre später, gingen gigantische Vorbereitungen voraus. Helene Weigel nähte unzählige Jacken, Nachthemden usw. und buk unzählige Stollen. Tochter Barbara nahm Anleihen auf, die sie für fünfzig Jahre versklavten. Alle hofften, dass Stefan zu Weihnachten kommen würde, damit er eine „Nase voll von der Mischung des Tannenduftes unten mit dem Chemikaliengestank oben kriegen könne".

Brecht traf sich sehr oft mit deutschsprachigen Emigranten, vor allem, wenn sie linksorientiert waren und im Haus verkehrten. Feuchtwanger und Brecht – beide waren besessene Autoren, und sie begannen sogleich mit einer fruchtbaren Zusammenarbeit. Ganz in der Nähe der Brechts wohnten Schauspieler wie Fritz Kortner und Peter Lorre, Regisseure wie Fritz Lang und William Dieterle, ehemalige Theaterdirektoren aus Berlin wie Leopold Jessner und Max Reinhardt, nicht zuletzt die Schriftsteller Alfred Döblin und Heinrich Mann.

Im Frühjahr 1942 erweiterte sich der Kreis der Emigranten um Hanns Eisler und dessen Frau. Auch er führte ein großes Haus an der Küste in Malibu, wo leidenschaftliches Schachspielen angesagt war. Eine der wenigen Frauen, die Brecht nicht gefielen, war Lou Eisler. Er trug seiner Frau auf, sie immer gleich an der Haustür abzufangen

und mit ihr Kaffee zu trinken. Hanns dagegen sollte immer direkt in Brechts Arbeitszimmer geführt werden. Lou sah darin eher eine Eifersucht Hellis als eine Abneigung Brechts gegen sie.

Damals hatten Ernst Lubitsch und William Dieterle sowie andere wohlhabende Deutsche in Hollywood eine Hilfsorganisation für unterstützungsbedürftige Kollegen gegründet. Aus diesem European Film Fund erhielten die Brechts monatlich 120 Dollar. Um einreisen zu können, musste ja eine eiserne Reserve von 1000 Dollar pro Person mitgeführt werden.

Brecht arbeitete zwar meistens zu Hause, konnte aber auch ein Büro von United Artists in der Las Palmas Street benützen. Dort standen ihm Sekretärinnen zur Verfügung. Sein Frühstück nahm er gegen 1 Uhr im *office* ein. Er brachte Brote von zu Hause mit und trank dazu kalifornischen Weißwein. Die Hitze plagte ihn sehr.

Wichtig schien Brecht das Treffen mit Ferdinand Reyher zu sein, dem er seinen Filmplan zu „Jae Fleischhacker in Chikago" erklärte. Schon nach ein paar Stunden war eine Filmstory entwickelt mit dem Titel: „Der Brotkönig lernt Brot backen". Brecht beklagte sich, dass es kein richtiges Brot in den Staaten gäbe. Er esse gerne Brot, vor allem nachts, natürlich Brot mit Butter. Reyher erklärte, dass die Amerikaner immer noch Nomaden seien und nicht viel vom Essen verstünden. Bei ihnen müsse das Brot in Schnitten verkauft werden, damit man es schnell im Weggehen oder Stehen essen kann.

Das Stück „Der Brotladen" war schon 1929 entstanden. Darin wird das Problem der Nahrungsbeschaffung behandelt, der Kampf des Arbeiters ums tägliche Brot. Das unablässige Bemühen um Brot und Suppe heißt für den Proletarier nichts anderes als unablässige Suche nach Arbeit. Was Brecht verdeutlichen oder erst herbeiführen wollte, war die volle Erkenntnis, dass jeder Versuch, den Kampf allein ums Brot zu führen, als Kampf um die Arbeitsstelle oder auch gemeinsam als bloßen Kampf um die Suppe, letztlich vergeblich bleibt.

Und das ist der theatralisch offenbare Sinn der grandios-grotesken Schlussszene, in der der Bäcker Meininger seine ihm botmäßigen Mieter zwingt, die hungernden Arbeiter mit Brot und Semmeln wie mit Schlagkeil und Wurfgeschoss zu bekämpfen: Das Brot in den Händen der Ausbeuter ist nichts anderes als eine Waffe gegen die Arbeiter, die obendrein auch noch gezwungen werden, diese Waffe gegen ihresgleichen zu führen: Der rebellierende Washington Meyer wird vom „Hüter der Ordnung" mit einer Semmel erschlagen.

Bei Reyher waren die Einladungen besonders nett. Er kaufte auf dem Farmer's Market selbst ein und kochte wunderbare Suppen, die viele verschiedene Gemüsesorten enthielten. Er servierte dann einen „Virginian meatloaf mit Makkaroni".

In den USA ist der Satz von den konservativen Essgewohnheiten des Bertolt Brecht entstanden:

„Herr B. war sehr konservativ beim Essen und Trinken. Er verschmähte alles, was er in seiner Vaterstadt A. nicht gegessen hatte. Im Goldenen Westen der berühmten Staaten servierte man ihm ein auserlesenes Gericht, um ihn zu ehren. Er betrachtete es voll Misstrauen. Dann schob er den Teller mit einer endgültigen Geste von sich und erklärte: ‚Das isst man in A. nicht.'"

Brecht und sein Sohn Stefan in New York, Oktober 1947.

Im amerikanischen Exil entstand 1943 das Schauspiel „Schweyk im Zweiten Weltkrieg". (Daraus stammt der Titel dieses Buches.) Brecht hatte eine Zusammenarbeit mit Kurt Weill angestrebt, dem er immer wieder Teile des Werkes zusandte. Doch Weill gab dieses Projekt auf. Der sehr verärgerte Brecht hielt Lotte Lenja, die die Kopecka spielen sollte, für „ein dummes Luder, einen großen Erfolg wegzuwerfen". Kurt Weill sei „weniger smart", als er gedacht habe.

FRAU KOPECKA:
Zu Ehren des Herrn Baloun sing ich jetzt das Lied vom „Kelch".

Komm und setz dich, lieber Gast
Setz dich uns zu Tische
Daß du Supp und Krautfleisch hast
Oder Moldaufische.
    Brauchst ein bissel was im Topf
    Mußt ein Dach habn überm Kopf
    Das bist du als Mensch uns wert
    Sei geduldet und geehrt
    Für nur 80 Kreuzer.

Referenzen brauchst du nicht
Ehre bringt nur Schaden
Hast ein' Nase im Gesicht
Und wirst schon geladen.
    Sollst ein bissel freundlich sein
    Witz und Auftrumpf brauchst du kein'
Iß dein' Käs und trink dein Bier
Und du bist willkommen hier
Und die 80 Kreuzer.

Einmal schaun wir früh hinaus
Obs gut Wetter werde
Und da wurd ein gastlich Haus
Aus der Menschenherde.
    Jeder wird als Mensch gesehn
    Keinen wird man übergehn
    Ham ein Dach gegn Schnee und Wind
    Weil wir arg verfroren sind.
    Auch mit 80 Kreuzer!

Komm und setz dich, lieber Gast

Helene Weigels Leben spielte sich damals nur in Santa Monica ab. Sie langweilte sich oft und schrieb am 25. November 1946: „Mein Hausfrauentum hängt mir, da meine beiden Kinder erwachsen sind, zum Hals raus." Gäste zu bewirten machte ihr Freude, und die Gäste kamen zahl-

In Helene Weigels Küche roch es nach Aprikosen ..

reich. Sie schloss sich der ganz in der Nähe lebenden Salka Viertel an. Die beiden kannten sich seit langer Zeit, und Salka hatte es geschafft, auch im Exil sehr erfolgreich als Drehbuchautorin tätig zu sein. Salka bewunderte die Weigel, die sich auf ihre Weise damit abfand, Hausarbeit als Vergnügen zu empfinden. Das Einzige, was sie aufrechterhielt, war, dass sie trotz aller politischen Ungewissheit nach dem Krieg wieder Theater spielen würde. Und sie behielt Recht. Salka Viertels Meinung über Helene Weigels Ehe mit Bertolt Brecht: „Sie ging für Brecht durch die Hölle. Ich kann mir nicht vorstellen, dass eine andere Frau das ertragen hätte."

Es gelang Helene Weigel, in Trödelläden schöne alte, aus Europa stammende Möbel zu erwerben. Und bald konnte man kaum mehr einen Unterschied finden zu einer europäisch eingerichteten Wohnung. Und wenn Helene dann noch nach ihren österreichischen Rezepten kochte und buk, dann schien die Familie auf einer deutschen Insel mitten in Kalifornien zu leben. Jahrzehnte später schwärmten auch die Freunde ihrer Kinder noch von Hellis gedünsteten Safthühnern, ihrem Tafelspitz mit Röstkartoffeln. In ihrer Küche roch es nach Aprikosenmarmelade, nach Apfelstrudel und in der Weihnachtszeit nach Stollen.

Der große, recht übergewichtige Filmschauspieler Charles Laughton verehrte Helli. Sie ließ ihn mit dem Kalorienzählen in Ruhe und war durchaus bereit, dem auf Diät Gesetzten ein saftiges Steak zu braten. Er hat also regelrecht gelegentlich bei Helli Essen „geschnorrt", wie dies Barbara Brecht-Schall viele Jahre später erzählte. Sie selbst liebte Charles heiß und innig.

Dass „Freßsucht von Übel" sei, lässt Brecht die Tänzerin Anna in „Die sieben Todsünden der Kleinbürger" sagen. Sie musste streng auf ihr Gewicht achten, um ihren Kontrakt zu erfüllen:

„Sie wird sagen:
    fressen kannst du schließlich
In Lousiana, Anna. Hörnchen! Schnitzel! Hühnchen!
Und die kleinen gelben Honigkuchen! ...
Halte an dich: Freßsucht ist von Übel"!

Links: Plakat „Schweyk im zweiten Weltkrieg" 1963 im Berliner Ensemble. Entwurf von Ronald Paris.

Sehr gerne war Helene Weigel mit Marta Feuchtwanger zusammen. Diese fand es allerdings herzzerbrechend, Helene Weigel Böden scheuern zu sehen. Andere Freunde sprachen davon, dass Brecht seine Frau wie eine „Küchensklavin" behandelt. Marta Feuchtwanger bewunderte außerdem Helenes Fähigkeiten, zu nähen und zu tapezieren neben dem täglichen Kochen. Sie meinte, dass Helene Weigel es immer verstanden habe, um Brecht und alle seine Freunde eine herzliche Atmosphäre zu schaffen. Wenn auch Brecht sich weigerte, die selbst gezüchteten Schwammerl (Pilze) zu essen, waren immer alle glücklich, ihre Füße unter ihren Tisch strecken zu können. Ein bisschen nahmen Helene Weigel und Bertolt Brecht dann doch amerikanische Gewohnheiten an, denn Brecht notierte:

Er übertrieb maßlos, wenn er angibt zu wissen, dass alle Amerikaner in Drugstores essen, wo man auch gleich die Vitamine in Pillenform verkauft bekommen kann, die dem Essen fehlen, sowie einige Laxative, die beim Verdauen helfen.

Viele Jahre später, 1960, spielte das Berliner Ensemble „Mutter Courage" in Paris im ausverkauften Sarah-Bernhardt-Theater. Marta Feuchtwanger war ebenso dabei wie Salka Viertel. Das Publikum sprang auf und jubelte. Als Salka Viertel hinter die Bühne ging, war Helene Weigel umringt von Journalisten und Fotografen. Viele Spra-

Unten: Bertolt Brecht vor einem Motel auf seiner Reise von Kalifornien nach New York mit dem Auto im Dezember 1946. Damals verglich er Amerika mit Sibirien. Rechts: Brecht mit Ruth Berlau, Geliebte und Mitarbeiterin, um 1942.

„...wir gehen lunchen im Drugstore (den ich hasse)."

chen schwirrten durcheinander, jeder wollte die große Schauspielerin sehen. Plötzlich erblickte die Künstlerin Salka Viertel. Sie stürzte auf sie zu, und sie umarmend rief sie aus: „Ich bin froh, dass du da bist! So siehst du, dass ich auch was anderes kann als Gugelhupf backen."

Seit 1939 lebte Karin Michaelis im Exil in New York. Die große, einst so vermögende Wohltäterin vieler Emigranten in Dänemark war nun selbst auf Hilfe angewiesen. Im Sommer 1942 ging es ihr gesundheitlich sehr schlecht. Die ebenfalls in New York lebenden Ruth Berlau und Ida Bachmann waren höchst besorgt darüber, wie sehr die Krankheit und die Armut ihre alte Freundin mitgenommen hatten. Ruth besprach sich mit Brecht, und im September wiederholte Helene Weigel ihre Einladung an Karin, zu ihr nach Santa Monica zu kommen. Helene war froh, Karins Gastfreundschaft in Dänemark nun erwidern zu können. In ihrem Einladungsbrief an Karin stand:

```
„Schau, Karinoli, dass Du ein bisschen hierher
kommen kannst. Wir haben hier auch einen Garten
und ich werde Dir ihn gerne zeigen, mit dir
drin sitzen und tratschen, sicher hat sich kein
Mensch drum gekümmert, ob Du Schachspielen
willst, hast Du alles vergessen? Schreib mal,
wenn auch nur ein kleines Briefchen, ich liebe
Dich wie gewöhnlich,
Deine Helli,
grad höre ich dass Du siebzig Jahre alt wirst,
ich umarme Dich ganz fest und möchte Dich so
gerne hier haben. Schreib mal einen Brief.
Hast Du was von Maria (Lazar) gehört?"
```

Karin erfuhr mit diesem Brief auch von Hellis Alltag: „Aber ich habe viel zu tun, das heißt keine wirkliche Arbeit, aber Haushalt, Leute und Dreck wegputzen." Steff ging schon zur Universität, Barbara war elf Jahre alt, und man lebte im „Überwundersonnenland". Karin sagte gerne zu und fuhr im Oktober nach Kalifornien. Helene bereitete ihr ein Zimmer im ersten Stock des Brecht'schen Hauses vor, das groß genug war, um als Arbeits- und Schlafzimmer zu dienen; das Zimmer wurde geweißt, ein Stuhl überzogen, neue Vorhänge genäht. Helene veranlasste, dass sich zusammen mit ihr eine dänische Krankenschwester um die Kranke kümmerte, Brecht informierte einen Arzt. Bei dem Mediziner handelte es sich um den „herrlichen und sehr berühmten" Prof. Baaer (so Michaelis). Er war bereit, so lange auf sein Honorar zu warten, bis die Schriftstellerin wieder et-

Duftende Obstbäume: Der Blick in Brechts Garten in Santa Monica.

was verdiene, „und wenn nichts verdient werde, tut's auch nichts". Welch ein Glücksfall für die Kranke! Brecht trug Ende Oktober 1943 in sein Tagebuch ein: Karin Michaelis sei „sehr ruhebedürftig eingetroffen, und ich werde energisch sein müssen, dass sie ruht". Brecht empfand Karin Michaelis als „angenehm und so leicht zu haben, aber sie arbeitet zu viel". Obwohl er ihr anbot, sie könne „jahrelang hier wohnen", „schreibt sie unentwegt diese Filme mit sechs Durchschlägen".

Die Schriftstellerin erlebte ein schönes Weihnachtsfest mit ihren kalifornischen Freunden. Helene stellte einen Weihnachtsbaum auf und verwöhnte alle Gäste mit selbst gemachtem Weihnachtsgebäck, dem die etwas übergewichtige Karin absolut nicht widerstehen konnte: „Ich Ärmste, ich muss abnehmen. Mein Gewicht ist nicht so schlimm – 139 ohne Kleidung –, aber das Herz fordert, dass ich noch mehr wie ein Elfenwesen werden soll. Ich muss folgen." Nach einem sechsmonatigen Aufenthalt kehrte Karin Michaelis nach New York zurück. Sie traf dort auch wieder mit Brecht zusammen, der Ruth Berlau besuchte und mit ihr arbeitete. Sie umsorgte ihn großzügig, so wie er dies gewohnt war. Sie besorgte ihm deutsche und englische Zeitungen, kaufte jede Menge Kriminalromane, und an teuren Zigarren sollte es auch nicht fehlen. Sie konnte zwar nicht so gut kochen wie Helene Weigel, aber sie ließ sich alles das nach Hause liefern, was Brecht gerne aß. In dem „kleinen Wörterbuch", in dem Ruth Berlau 1958 Brechts Vorlieben und Abneigungen festhielt, ist „Käse jeder Sorte und jeder Menge" unter den „Genüssen" aufgeführt. Berlau besorgte Bier, und sie hielten eine richtige „Essorgie" ab, zu der gesalzener Rettich, verschiedene Brotsorten und Käse in jeder Art und Menge gehörten. Damals schien Brecht ein guter Esser gewesen zu sein.

In Santa Monica hatte Helene Weigel auch einen Verehrer. Das war der in diesen Tagen nicht gerade begüterte Paul Dessau. Er war von dem mit Arbeit überlasteten Hanns Eisler gebeten worden, für ihn eine Filmkomposition zu übernehmen. Das anfallende Honorar wollten sie sich teilen. Da Eisler dann die Komposition für nicht verwendbar hielt, zahlte er auch nichts, obwohl Dessau „in miserablen Umständen" lebte. „In meinem Arbeitszimmer sitzend, mit Dessau in der Küche, beschwerte sich Eisler, dass die Hollywoodmusik seine Ohren ruiniere." Doch Dessau wusste, wer ihm wohl gesonnen war und für sein leibliches Wohl sorgen wollte. Das war „Helliiiii!!!!!!!" Er schrieb ihr später, am 29. September 1965, aus Zeuthe. Damals litt er unter schrecklichen Zahnschmerzen, und leider half das von Helene empfohlene Arzneimittel nichts: „… dass Du, meine alte, gute, immer verständige Freundin, die doch, was gerade mein leibliches Wohl betreffend nicht nur die ‚baked-potatoes' sondern Pfunde guten Fleisches stiftetest meinem Leib, … Also, mein Kind, Helli, Helene, meine Weigel am Sopran, tu mir das nicht wieder an und sei lieb denn ich gib es zurückoglück
Dein Paul"

Helene Weigel organisierte im August 1943 eine Feier für Alfred Döblin, der 65 Jahre alt wurde. Heinrich Mann hielt eine herrliche Begrüßungsrede Fritz Kortner, Peter Lorre, Alexander Granach lasen aus Döblins Büchern, Blandine Ebinger sang Berliner Chansons, Edward Steuermann spielte einen Eisler'schen Satz am Klavier, und am Schluss hielt Döblin eine Rede gegen moralischen Relativismus und für feste Maße religiöser Art, womit er die irreligiösen Gefühle der meisten Feiernden gründlich verletzte. Tatsächlich hatten besonders harte Schläge Döblin niedergeworfen: der Verlust zweier Söhne in Frankreich, die Undruckbarkeit eines 2400-Seiten-Epos, Angina pectoris und das Leben mit einer ungewöhnlich dummen und spießigen Frau.

Im Laufe des Jahres 1942 erschienen bei Brechts immer wieder Beamte des FBI, um diese Familie „feindlicher Ausländer" zu überprüfen. Misstrauische Nachbarn hatte die elfjährige Barbara beim Mittagessen in einem Lokal gesehen, das von Arbeitern der nahe gelegenen Douglas-Flugzeugwerke frequentiert wurde. Obwohl der Leiter der FBI-Filiale die notwendige Genehmigung für eine telefonische Überwachung der Familie Brecht erst am 18. April 1945 erhielt, ließ er schon im Mai 1943 eine technische Abhöreinrichtung installieren. Brecht wusste von dieser Bespitzelung. Um das FBI zu irritieren, griffen Helene Weigel und Marta Feuchtwanger zu einer List. Bei ihren Telefonaten lasen sie sich aus Kochbüchern in polnischer Sprache vor, die sie beide nicht verstanden.

Am 29. August 1943 notierte Bertolt Brecht in seinem Tagebuch: „Das Herz bleibt einem stehen, wenn man von den Luftbombardements Berlins liest." Im Mai 1945 kapitulierte das Deutsche Reich. Brecht schrieb dazu die „Epistel an die Augsburger":

„Und als dann kam der Monat Mai
War ein tausendjähriges Reich vorbei."

Erst Anfang 1947 beantragte Brecht für sich, seine Frau und seine Tochter Barbara eine Ausreise- und Wiedereinreise-Erlaubnis nach Europa. Der 22-jährige Sohn Stefan war Student mit einem

Links: Bertolt Brecht auf dem Balkon der New Yorker Wohnung von Ruth Berlau in der 57. Straße im Jahr 1946. Rechts: Bertolt Brecht vor dem House Un-American Activities Committee, Washington, 30. Oktober 1947.

Armeestipendium an der Eliteuniversität Harvard. Er hatte beschlossen, nicht nach Europa zurückzukehren, und bot zugleich seiner Schwester Barbara an, bei ihm in den USA zu bleiben. Doch sie wollte mit ihren Eltern nach Europa, obwohl sie sich „hundeelend" fühlte, als sie Santa Monica verlassen musste.

Endlich nahte die Abreise. Das Organisatorische lag wieder einmal bei Helene Weigel. Sie musste das Haus verkaufen und dann tagelang aussortieren und packen. Das Gepäck war umfangreich: fünf Koffer mit Kleidern, ein Korb mit Wäsche und Geschirr, ein Koffer mit Nähmaschine und Buchbindermaterial, ein Koffer mit Fotomaterial, zwei Bücherkisten mit Brechts Manuskripten, zwei Koffer mit Büchern, ein Stuhl. Insgesamt waren es dreizehn Stücke.

Die Brechts reisten mit dem Zug von Santa Monica nach New York. Am zweiten Tag der Fahrt schrieb Brecht an die Familie Dieterle, dass sie immer noch von dem ihnen mitgegebenen Fleisch zehrten, den „Zuckerl, Kuchen, dem heimgebackenen Schwarzbrot und der Butter Eurer Kühe – eine motorisierte Orgie".

Helene und Barbara freuten sich auf New York. Für Brecht war es seine siebte Reise in diese Weltstadt. Sohn Stefan wollte sich ebenfalls dort einfinden. Helene Weigel und ihre Tochter genossen die quirlige Metropole. Es machte Spaß, elegante Kleider einzukaufen und unter Menschen zu sein. Dazu kam dann noch die Überraschung durch Charles Laughton. Er begleitete sie in das Broadway-Musical „Annie Get Your Gun" mit Ethel Merman. Von dieser Schauspielerin hat Helene Weigel den Ausdruck des besonderen Erstaunens mit nach Deutschland genommen. Sie kopierte die Amerikanerin bei der Stelle, wo Mutter Courage ihren früheren Liebhaber, den Koch, wiedertrifft. Mutter und Tochter entschlossen sich dann, zwei weitere Musicals zu besuchen: „Finian's Rainbow" und „Oklahoma".

Brecht musste von New York aus nach Washington reisen. Er war damals der Jagd auf Kommunisten zum Opfer gefallen und wurde von dem „House Un-American Activities Committee" (HUAC) des amerikanischen Kongresses in Washington verhört. Mit seinem schlechten Englisch und gespielter Naivität gelang es ihm, freigesprochen zu werden. In stark akzentgefärbtem Englisch zeigte er sich kooperationswillig. Vor allem Lion Feuchtwanger konnte bei Brecht immer

noch das schöne „Münchner Humanisten- und Augsburger Renaissance-Deutsch" durchhören. Brechts Tochter Barbara bestätigt gerne, dass ihr Vater ein weitaus besseres Englisch gesprochen habe, als er dies bei der Vernehmung tat. Besonders witzig ist der Kommentar zu diesem Verhör von Katia Mann, der Frau von Brechts „Widersacher" Thomas Mann. Sie war Brecht mehrere Male in Kalifornien begegnet, und nun hörte sie seine Verteidigungsrede im Radio: „Der Brecht war ja schlau. Er stellte sich dumm, und die anderen waren dumm. Diese ganze Geschichte mit den ‚loyalty checks' war der größte Unfug ... Wir haben die ganze sogenannte McCarthy-Zeit mitgemacht, und mein Mann wurde dauernd als Kommunist angegriffen, was er nie im Leben war."

Katia Mann meinte, dass sie die Kurzgeschichten Brechts eigentlich ganz gut fände. Während Bertolt Brecht nach Paris flog, schifften sich Mutter und Tochter nach Europa ein. Nach einem Zwischenaufenthalt in Paris erreichten sie am 19. November 1947 Zürich. Der erste Gast, der kam, um sie zu begrüßen, war der alte Augsburger Freund Caspar Neher. Dieser durchlief eine beispiellose Karriere, die ihn an alle namhaften Bühnen des In- und Auslands führte.

Der berühmte Charles Laughton ließ dieses Foto aufnehmen, als Barbara in der Schule auf Grund ihrer Herkunft diskriminierenden Beschimpfungen ausgesetzt war.
V.l.n.r. Barbaras Freundin Doris, Charles Laughton, die junge Barbara und Ella Rains, die das Foto signierte:
To my friend Barbara..., 1945.

Helene Weigels CARE-Pakete nach Europa

„Ich kannte nur eine Wohltätigkeitsorganisation, die eingeht, wenn Brecht und Frau nach Europa reisen."

Diesen Satz schrieb Heinrich Mann, als bekannt wurde, dass Bertolt Brecht und Helene Weigel nach Europa zurückkehren wollten. Mit der bedingungslosen Kapitulation des Deutschen Reiches am 8. Mai 1945 war aber auch von der extrem schlechten Versorgungslage derer zu erfahren, die den schrecklichen Krieg überlebt hatten. Im Oktober startete Helene Weigel eine großartige Hilfsaktion. Sie organisierte mit der Hilfe von Sponsoren über amerikanische Besatzungssoldaten Paketsendungen an Freunde und Verwandte in Deutschland.

So schickte sie CARE-Pakete unter anderem an ihren Schwager Walter Brecht in Darmstadt. Sie fragte bei ihm an, welche Art von Paketen am sichersten und am schnellsten in Deutschland ankämen. In Santa Monica konnte sie keine entsprechende Auskunft erhalten. Aus den Dankesbriefen von Walter und Lie Brecht war zu erfahren, dass die CARE-Pakete über Bentheim/Hannover kamen und Folgendes enthielten: Eine Dose Butter, eine Dose Fleisch, ein Pfund Käse, zwei Pfund Dörrfleisch, dazu noch dänische Produkte. Oder Pakete mit zwei Dosen Butter, einem Pfund Kaffee, einer Dauerwurst, Fleisch und Käse. Diese Pakete wurden vermittelt über American Lloyd, Paris, Agence General pour toutes les Zones d'Occupation en Allemagne, Baden-Baden. Der Schwager wies Helene Weigel darauf hin, dass es Max Brezing, einem Verwandten Brechts, mit seiner fünfköpfigen Familie finanziell sehr schlecht gehe und die Familie Hunger leide. Walter Brecht hatte ihm schon einige Lebensmittel aus den von seiner Schwägerin erhaltenen CARE-Paketen geschickt. Im Februar 1947 schrieb Helene Weigel an den Verleger Peter Suhrkamp, ihrem Helfer bei der Flucht aus dem Deutschen Reich im Februar 1933, sie habe ihm ebenfalls zwei CARE-Pakete geschickt. Ein Paket enthielt „keinen mittleren weißen Elefanten", dafür hundert Pfund Mehl. Er möge das Mehl aufteilen an die Freunde Kasack, Ihering und einen Jugendfreund Brechts, den Arzt Otto Müllereisert; so bekäme jeder 25 Pfund. Sie wäre auch bereit, weitere Wünsche zu erfüllen. Ihre Briefe signierte sie damals mit Helene Weigel-Brecht. Unter den Bedachten war auch die Kantine des Kulturbundes in Berlin. Dorthin sandte sie Zucker, Milchpulver und Seife.

1946 erfuhr Helene Weigel auch von der Armut, in der sich ihre finnische Beschützerin Hella Wuolijoki befand, und versorgte sie sofort mit Lebensmitteln. Sie schrieb ihr dazu: „Ich habe nichts von Deinen vielen Freundlichkeiten vergessen, nicht Dein Haus, deine Geschichten und die vielen Abende bei Dir." Hella Wuolijoki bedankte sich für mehrere „CARE-Pakete", die sie aus Santa Monica erhalten hatte. Allerdings sei es zum Verzweifeln gewesen, dass sie zwei Jahre gebraucht habe, die Adresse des größten deutschen Dichters zu finden. Sie berichtete über ihre Zeit im Gefängnis – sie war des Hochverrats angeklagt worden – und ihre gegenwärtige Tätigkeit als Generaldirektorin des Finnischen Rundfunks und Abgeordnete im Finnischen Reichstag. Sie fragte Brecht, warum er nicht nach Deutschland zurückkehre. „Ich weiß, dass es ein schweres persönliches Opfer ist, zu diesen vergifteten Menschen zurückzukehren, aber ich kann mir nicht vorstellen, dass Du wie Thomas Mann denkst; Du schreibst doch für Deutschland." Helene Weigel antwortete, dass sie auch in sich die Hoffnung nähre, ihrem Leben bald wieder einen Sinn geben zu können. Zur gleichen Zeit bedankte sich Herbert Jhering für ein CARE-Paket, das ihn in seinem alten Haus in Berlin erreicht hatte. Er bot den Brechts zugleich Unterkunft an, wenn sie nach Berlin zurückkehrten.

1940 schreibt Brecht zu einer Hitler-Fotomontage:
Hier seht mich froh bei einem Topfgericht
Mich, der ich keinerlei Gelüsten fröne
Als dem nach Weltherrschaft. Mehr will ich nicht.
Ich brauche nichts von euch als eure Söhne.

Einen recht energisch geschriebenen Brief bekam der Filmregisseur Gottfried Reinhardt im Februar 1947 von Helene Weigel-Brecht. Da sie schon dessen Sekretärin zur Verzweiflung getrieben hatte, wolle sie ihm jetzt mitteilen, dass sie den versprochenen Scheck immer noch nicht erhalten habe. Den von Dr. Feuchtwanger und Heinrich Mann unterzeichneten Brief müsste er um die Weihnachtszeit bekommen haben. Darin wurde um einen Scheck für antifaschistische deutsche Künstler gebeten, die durch die Lager und Gefängnisse gegangen waren. Es handle sich bei diesen Personen nicht um prominente Leute. Er möge doch bei der Filmgesellschaft MGM für das Projekt werben. Im Februar 1947 schreibt sie: „Wir haben bis jetzt 86 CARE-Pakete abgeschickt, aber wir wollen doch jeden Monat eines schicken und das Geld wird knapp. Schönen Dank, den Check bitte, er darf auch gross sein, stellen Sie am besten direkt für CARE aus und schicken ihn an meine Adresse."

Helene Weigel und Bertolt Brecht besprachen mit Peter Lorre und Maria Donath weitere Hilfeleistungen, auch für österreichische Freunde, etwa durch ein „Austrian Committee".

Schließlich wurde auch Ernst Busch bedacht. Helene Weigel hatte bis zu ihrem Brief vom 25. November 1946 noch kein Paket ihm direkt zukommen lassen, aber sie hatte erfahren, dass er von Paul Dessau und Hanns Eisler Sendungen bekam. „Damit habe ich mein kränkliches Gewissen beruhigt – da ich mich aber meiner alten ‚Muttergefühle' doch nicht erwehren kann, schreibe ich Dir, um Dir anzukündigen, dass in dieser Woche noch Zigaretten an Dich abgehen. Wie ich höre, müsst Ihr zahlen für alle Zigarettensendungen, aber da ich weiß, dass Du verdienst, hoffe ich, dass diese Ausgaben für Dich tragbar sind." Als Bertolt Brecht seinen Augsburger Jugendfreund Georg Pfanzelt seine Rückkehr nach Europa ankündigte, bat er ihn um Mitteilung, was er dringend brauche: Schuhe oder Kleidungsstücke oder was immer im Haushalt (mit Angabe der Schuhnummer usw.). „Ich muss sagen, dass Du schließlich eine Hauptattraktion für mich in den alten Breitengraden darstellst." Wie schlecht die Versorgungslage in Deutschland noch im April 1949 war, zeigt ein Schreiben von Helene Weigel aus der Schweiz an Lion Feuchtwanger in Kalifornien. Sie fragte an, ob er über die West-Berliner Adresse von Otto Müllereisert für Bertolt Brecht sowie für Arnold Zweig CARE-Pakete schicken könne. Hauptsächlicher Bedarf sei: Kaffee, Tee, Zucker, Fett, Kakao.

Kurz nach dem Erscheinen dieses Gedichtes erfuhr Brecht von dem Kabarettisten Erich Brehm, dass der Berliner Magistrat nach langem Hin und Her ein Kabarett fördern werde, Brehm bat Brecht um einen Text für das Eröffnungsprogramm. Er sandte das Gedicht „Jakobs Söhne ziehen aus, im Ägyptenland Lebensmittel zu holen" und empfahl eine Vertonung durch Rudolf Wagner-Régency.

„Ich glaube nicht, dass Humanismus was anderes ist, als dass man Leuten hilft."

Nachdem Brecht wieder in die „alten Breitengrade" zurückgekehrt war, erlebte er die Verteilung von Lebensmittelpaketen aus amerikanischen Beständen in Berlin/West für die Bevölkerung der DDR. Er kommentierte diesen Vorgang mit dem Gedicht „Jakobs Söhne ziehen aus, im Ägyptenland Lebensmittel zu holen", am 9. August 1953 in der „Berliner Zeitung":

„Vater, warum sprichst,
  du nicht
Die Esel scharren schon.
Wir gehen die Hände schütteln
Mit deinem andern Sohn."

  „Gebt ihr ihm die Hand
  Steckt sie schnell wieder ein.
  Euer Bruder in Ägyptenland
  Wird ein Ägypter sein."

„Vater, warum lachst du nicht
Wolle nicht bitter sein!
Mehl gibt leckern Kuchen
Und süß schmeckt der Wein."

  „Für ein Fäßlein Wein
  Für ein Säcklein Mehl
  Ward mancher schon ein Kriegsknecht
  Verkauft war Leib und Seel."

Den CARE-Pakete-Aktionen in den USA folgten weitere Hilfsprogramme der mitfühlenden Helene Weigel nun in der DDR. So forderte sie 1948 in einem offenen Brief dazu auf, für die Opfer des Faschismus keine Blumen zu kaufen, sondern das eingesparte Geld den Kindern der Opfer zur Verfügung zu stellen.

Sie startete damals eine Aktion zu Weihnachten und bedankte sich bei Jacob Walcher für seine Hilfe: „Ich wollte Dir noch einmal Dank sagen für Deine Hilfe für die Weihnachtspakete und die Beschaffung des Stoffes. Es hat mitgeholfen, 43 Kindern hingerichteter und verstorbener Antifaschisten eine anonyme Weihnachtsfreude zu bereiten. Der Inhalt der Pakete war folgender: Stoff zum Rock oder zur Hose – Strümpfe – Nähgarn – Bücher – Bonbon – Pfefferkuchen – zwei Theaterkarten."

Helene Weigel blieb ihr ganzes Leben eine „Kennerin der Wirklichkeit". Sie selbst fasste ihre Wohltätigkeiten und Hilfsaktionen kurz und bündig zusammen. Es habe ihr „riesige Vergnügungen" bereitet, dass sie das alles bewerkstelligen konnte. „Ich glaube nicht, dass Humanismus was anderes ist, als dass man Leuten hilft."

Bierzwiebelsuppe

Für 4 Personen

2 GROSSE GEMÜSEZWIEBELN
2 KNOBLAUCHZEHEN
50 G BUTTER
200 ML DUNKELBIER
1/2 TL GETROCKNETER THYMIAN
PFEFFER AUS DER MÜHLE
1 L RINDERBRÜHE (SIEHE REZEPT „RINDSSUPPE", SEITE 62)
SALZ
200 G GUT AUSGEREIFTER BERGKÄSE

Zum Servieren

1 BAGUETTE
8 SCHEIBEN EMMENTALER
4 STÄNGEL FRISCHER THYMIAN ODER MAJORAN

* Die Zwiebeln in sehr feine Ringe und den Knoblauch in feine Würfel schneiden. In einer Kasserolle die Butter schaumig zerlassen und darin die Zwiebeln und den Knoblauch glasig dünsten (Vorsicht, der Knoblauch darf nicht braun werden!). Das Bier zugießen und aufkochen lassen. Den Thymian und etwas Pfeffer zugeben. Mit Rinderbrühe auffüllen und das Ganze etwa 30 Minuten köcheln lassen, bis die Zwiebeln butterweich sind. Mit Salz und Pfeffer abschmecken.

* Kurz vor dem Servieren die Baguette in vier Stücke teilen und diese der Länge nach durchschneiden. Mit jeweils einer Scheibe Emmentaler belegen und im Backofen überbacken, bis der Käse goldgelb ist und kleine Blasen schlägt.

* Zum Servieren den Bergkäse in etwa 1 cm große Würfel schneiden und in vorgewärmte Suppenschalen geben. Die kochend heiße Zwiebelsuppe darüber gießen und mit Kräutern garnieren. Die Käsebaguette dazu reichen.

Böhmische Knödel

Für 4 Personen

✱ 50 Gramm Butter in eine Schüssel geben. Das Mehl mit 1 gehäuften Teelöffel Salz darauf sieben. Milch, Eier sowie die Hefe zugeben und das Ganze zu einem glatten Hefeteig kneten.
✱ Die Semmelwürfel in der restlichen Butter rösten und in den Teig einkneten. Den Teig halbieren und jede Hälfte zu einer Rolle von etwa 15 cm Länge formen. Jede Rolle mit Wasser benetzen und mit einem Tuch abgedeckt an einem warmen Platz 1 Stunde gehen lassen.
✱ Die Teigrollen in reichlich leicht gesalzenem siedendem Wasser bei mittlerer bis schwacher Hitze 30 bis 35 Minuten gar ziehen lassen. Den Topf zudecken, aber einen Kochlöffel zwischen Deckel und Topfrand legen.
✱ Die Knödelrollen mit dem Schaumlöffel herausheben und mit straff gespanntem Küchenzwirn in Scheiben schneiden. Warm servieren.

| 80 G SEHR WEICHE BUTTER |
| 500 G MEHL |
| SALZ |
| 1/4 L LAUWARME MILCH |
| 2 EIER |
| 20 G HEFE, IN ETWAS WASSER AUFGELÖST |
| 3 SEMMELN, IN WÜRFEL GESCHNITTEN |

Blumenkohlpudding

Für 4 Personen
(aus Helene Weigels Kochbuch)

1 BLUMENKOHL,
IN RÖSCHEN ZERLEGT

SALZ

Für die Sauce

50 G BUTTER

50 G MEHL

1/8 L WEISSWEIN

300 ML GEMÜSEBRÜHE
(DIE KOCHFLÜSSIGKEIT
VOM BLUMENKOHL)

SALZ

WEISSER PFEFFER
AUS DER MÜHLE

GROB GERIEBENE
MUSKATNUSS

1 PRISE KURKUMA
(GELBWURZ)

■ Den Blumenkohl in leicht gesalzenem Wasser bissfest garen. Abgießen, dabei die Kochflüssigkeit auffangen. Das Gemüse warm halten.

■ Für die Sauce 40 Gramm Butter in einer beschichteten Pfanne zerlassen und darin das Mehl unter ständigem Rühren hell- bis goldgelb anschwitzen. Mit Weißwein ablöschen. Die Gemüsebrühe zugießen. Mit wenig Salz, etwas Pfeffer und je einer Prise Muskatnuss und Kurkuma würzen. Die Sauce aufkochen lassen, bis sie eine dickliche, sämige Konsistenz hat; bei Bedarf noch etwas Brühe mit dem Schneebesen einrühren. Die Sauce mit der restlichen Butter schaumig schlagen (oder ohne weitere Butter mit dem Mixstab aufschäumen).

■ Die Blumenkohlröschen in Gläser geben und Sauce darüber geben. Sofort servieren. Gut dazu passen Salzkartoffeln, Kartoffelkroketten oder Kartoffelpüree.

Helene Weigel notiert: 5 Dotter, 2 1/2 milchgeweichte Semmeln abtreiben, dazu Schnee d. 5 Klar, 1/2 l Rose Karfiol – schichtweise – Dunst kochen.

Kartoffelpudding
auf amerikanische Art

Für 4 Personen
(aus Helene Weigels Kochbuch)

---

500 G GEKOCHTE
MEHLIGE KARTOFFELN

4 EIGELB, LEICHT VERQUIRLT

100 G WEICHE BUTTER

SALZ

WEISSER PFEFFER
AUS DER MÜHLE

100 G GEKOCHTER SCHINKEN,
FEIN GEWÜRFELT

200 ML SAURE SAHNE

Für die Sauce

50 G BUTTER

60 G MEHL

300 ML KALTE MILCH

SALZ

4 EL WEISSWEIN ODER
2 TL ZITRONENSAFT

100 GERIEBENER
PARMESANKÄSE

Zum Garnieren

4 EL FEIN ZERKLEINERTE
FRISCHE PETERSILIE

✶ Die Kartoffeln mit der Gabel oder dem Kartoffelstampfer zerdrücken, sodass eine grobe Masse entsteht. (Die Kartoffeln nicht pürieren!) Die Eigelbe mit der Butter verrühren und unter die Kartoffelmasse rühren. Mit Salz und Pfeffer würzen. Schinken und Sahne unterziehen.

✶ Für die Sauce die Butter in einer beschichteten Pfanne zerlassen und darin das Mehl goldgelb anschwitzen. Mit Milch aufgießen und unter kräftigem Rühren aufkochen lassen. Mit Salz und Weißwein abschmecken. Vom Herd nehmen und den Parmesankäse einrühren.

✶ Zum Servieren den Kartoffelpudding auf vorgewärmten Tellern anrichten. In die Mitte der Kartoffelmasse eine Mulde drücken und ein paar Löffel Sauce hineingeben. Sofort servieren.

Helene Weigel notiert: 4 Dotter, 10 dkg Butter, 1/2 gekochte passierte Kartoffel, 10 dkg Schinken (gehackt) 2 dl Rahm (Sahne saure) hineinrühren. Und am Schluß 4 Schnee. Dunstmodel kochen.

Kartoffelbrot

Für 2 Laibe
(aus Helene Weigels Kochbuch)

■ Das Öl mit dem Mehl und Salz in eine Schüssel geben. Nacheinander die Butter mit der Hefe, dann die Eier mit dem Zucker und der abgeriebenen Zitronenschale einkneten. Den Teig kräftig durchkneten, zum Schluss die Kartoffeln gründlich einarbeiten.

■ Den Teig mit Mehl bestäuben und mit einem Tuch zugedeckt etwa 40 Minuten an einem warmen Platz gehen lassen, bis er das Doppelte seines Volumens erreicht hat. Anschließend nochmals kräftig durchkneten. Den Teig halbieren, 2 längliche Laibe formen und diese quer mehrmals einritzen. Erneut mit Mehl bestäuben und an einem warmen Platz bis zum doppelten Volumen gehen lassen.

■ Inzwischen den Backofen auf 200 °C vorheizen.

■ Die aufgegangenen Laibe 35 bis 40 Minuten im vorgeheizten Ofen backen, bis eine nicht zu dunkle knusprige Kruste entstanden ist. Die Laibe auf einem Kuchengitter abkühlen lassen.

Helene Weigel notiert: Alles am Brett auf einen festen Teig gut verarbeiten, gut gehen lassen, 1 Stunde langsam backen. – nicht auf Citronen vergessen u. etwas Rum. Denselben Teig ohne Kartoffeln kann man auch auf einen Striezel nehmen.

4 EL ÖL
500 G MEHL
1 PRISE SALZ
250 G SEHR WEICHE BUTTER
1 WÜRFEL HEFE (42 G), FEIN ZERBRÖCKELT
3 EIER, VERQUIRLT
250 G ZUCKER
ABGERIEBENE SCHALE VON 1 ZITRONE
4 GROSSE GEKOCHTE MEHLIGE KARTOFFELN, ZERSTAMPFT
MEHL ZUM BESTÄUBEN

DIE REZEPTE 133

Fleischklopse in Biersauce
(Meatloaf)

Für 4 Personen

Für die Klopse

500 G RINDERHACKFLEISCH

1 EL EISWASSER

1 EI

SALZ

SCHWARZER PFEFFER AUS DER MÜHLE

GETROCKNETER MAJORAN

MEHL

1 EL BUTTER

Für die Sauce

2 EL OLIVENÖL

1 GROSSE ZWIEBEL, IN FEINE RINGE GESCHNITTEN

1 GEHÄUFTER EL MEHL

1/4 L DUNKELBIER ODER HELLES BIER

1 EL WEINESSIG

1 TL ZUCKER

1/2 TL GETROCKNETER THYMIAN

SALZ

✸ Das Hackfleisch mit dem Eiswasser und dem Ei vermengen. Kräftig mit Salz, Pfeffer und Majoran würzen. Den Teig kräftig durchkneten, bis eine glatte Farce entstanden ist. 12 Klößchen formen und diese in wenig Mehl wenden.

✸ Die Butter in einer Pfanne zerlassen und darin die Klößchen rundum bräunen. Beiseite stellen.

✸ Das Öl in einer Kasserolle zerlassen und darin die Zwiebeln glasig dünsten. Das Mehl mit etwas Wasser anrühren und zugeben. Das Bier unter ständigem Rühren in kleinen Portionen zugießen. Rühren, bis die Sauce aufkocht. Essig, Zucker sowie Thymian hinzufügen und mit Salz abschmecken.

✸ Die Klößchen in die Sauce geben und bei geringer Hitze etwa 30 Minuten gar ziehen lassen. Dickt die Sauce zu stark an, noch etwas Bier esslöffelweise unterrühren.

✸ Zum Servieren die Klößchen auf gewärmte Teller setzen und mit Sauce überziehen. Dazu passen Salzkartoffeln und Blatt- oder Gurkensalat.

Hasenkeule mit Preiselbeersauce

Für 4 Personen

- Die Hasenkeulen waschen und gut trockentupfen. Das Öl mit der Butter in einer großen Pfanne erhitzen und darin die Hasenkeulen rundum braun anbraten; dabei mit Salz und Pfeffer würzen. Mit Weinbrand ablöschen und 300 Milliliter Wildfond zugießen. Die Hitze verringern und die Hasenkeulen etwa 40 Minuten schmoren, bis das Fleisch sehr weich ist; dabei 2- bis 3-mal wenden. Bei Bedarf kochend heißes Wasser in kleinen Portionen zugießen.
- Die Keulen herausnehmen und warm halten. Den restlichen Wildfond in die Sauce rühren. Thymian, Senf, Preiselbeerkompott und Zitronensaft gut verrühren und die Mischung in den Bratsud rühren. Kurz aufkochen lassen. Mit Salz und Pfeffer abschmecken. Die Sahne zugießen und die Sauce unter ständigem Rühren kochen, bis sie cremig ist.
- Zum Servieren die Keulen auf vorgewärmten Tellern anrichten, mit der Sauce beträufeln und etwas Preiselbeerkompott dazugeben. Gut dazu schmecken Spätzle oder Kartoffelknödel.

4 KÜCHENFERTIGE HASENKEULEN (HINTERKEULEN)
2 EL ÖL
1 EL BUTTER
SALZ
SCHWARZER PFEFFER
2 EL WEINBRAND
350 ML WILDFOND (AUS DEM GLAS)
1/2 TL THYMIAN
1 TL SENF
3 EL PREISELBEERKOMPOTT
2 EL ZITRONENSAFT
1/4 L SAHNE

Zum Servieren
PREISELBEERKOMPOTT

Fischsuppe

Für 4 bis 6 Personen

Für den Fischfond

1,5 KG „ABFÄLLE" VON
SOG. EDELFISCHEN UND
MEERESFRÜCHTEN,
Z.B. KÖPFE (OHNE KIEMEN!),
GRÄTEN, FLOSSEN

1 GROSSE ZWIEBEL, HALBIERT

1 GROSSE STANGE PORREE,
GROB ZERKLEINERT

2 GROSSE MÖHREN,
GROB GEWÜRFELT

4 STANGEN STAUDENSELLERIE,
IN KURZE STÜCKE GESCHNITTEN

1 ZITRONE,
IN SCHEIBEN GESCHNITTEN

1 BUND PETERSILIE, GEWASCHEN
(NICHT ZERKLEINERT)

SALZ

1 TL WEISSE PFEFFERKÖRNER

1 EL GETROCKNETER THYMIAN

3 KNOBLAUCHZEHEN, HALBIERT

300 ML WEISSWEIN

WEISSER PFEFFER AUS DER MÜHLE

Zum Servieren

400 G FILET VON
FESTFLEISCHIGEN FISCHEN,
Z.B. JE 100 G SEETEUFEL,
GOLDBARSCH, STEINBUTT
UND SEEHECHT, JEWEILS IN
4 STÜCKE GESCHNITTEN

4 EL GEMÜSE-JULIENNE, Z.B.
AUS SUPPENGRÜN ZUBEREITET

FRISCHE KRÄUTER,
Z.B. FRISCHER ESTRAGON
ODER FRISCHE PETERSILIE

✱ Alle Zutaten für die Suppe in einen großen Topf geben und so viel kaltes Wasser zugießen, dass alle Zutaten etwa 2 cm hoch bedeckt sind. Das Ganze langsam zum Kochen bringen, dann 20 bis 25 Minuten leise köcheln lassen. Die Brühe durch ein Sieb in einen anderen Topf abgießen. Gut abtropfen lassen. Mit Salz und Pfeffer abschmecken.

✱ Die Brühe nochmals erhitzen, aber nicht mehr zum Kochen bringen. Die Fischfilets einlegen und zugedeckt einige Minuten gar ziehen lassen.

✱ Die Suppe mit dem Fisch auf vorgewärmten Tellern anrichten und etwas Gemüse-Julienne hinzufügen. Mit frischen Kräutern garnieren.

Tipps

In guten Fischhandlungen bekommt man eine geeignete Mischung von Fischabschnitten, wenn man „Abfälle für Fischsuppe" verlangt. Der Händler schneidet dann auch die Kiemen aus den Köpfen, weil die Kiemen der Suppe einen tranigen Geschmack geben würden.

Für die Gemüse-Julienne kann man ein halbes Bund Suppengrün in sehr feine Streifen schneiden und diese in etwas Butter gar dünsten.

Heringstopf

Für 4 Personen

★ Die Mayonnaise mit der Sahne in einer Schüssel verrühren. Die Zwiebeln in sehr feine Ringe, die Äpfel in Stifte und die Gurken in feine Scheiben schneiden und mit der Sauce vermengen. Die Mischung mit Pfeffer und Paprikapulver würzen. Die Chilisauce unterrühren. Mit Tabasco und Zucker abschmecken.

★ Die Heringsfilets in mundgerechte Stücke schneiden und unter die Sauce heben. Die Schüssel mit Klarsichtfolie verschließen und zum Durchziehen über Nacht in den Kühlschrank stellen. Kurz vor dem Servieren herausnehmen und vorsichtig durchrühren.

★ Zum Servieren den Heringstopf in irdene Schalen geben oder zünftig in den blau-grauen Steinguttöpfchen („Heringstöpfchen") anrichten und mit Schnittlauchröllchen garnieren. Dazu passen dunkles Landbrot oder Pellkartoffeln.

150 G MAYONNAISE
125 G SÜSSE SAHNE
2 ZWIEBELN
2 ÄPFEL
2 GEWÜRZGURKEN
PFEFFER
EDELSÜSSES PAPRIKAPULVER
1 EL CHILISAUCE
1 SPRITZER TABASCO
1 PRISE ZUCKER
8 MATJESFILETS

Zum Garnieren

SCHNITTLAUCHRÖLLCHEN

Spanischer Wind
(Baisers)

Für etwa 20 kleine Baisers
(aus Helene Weigels Kochbuch)

2 EIWEISS
1 PRISE SALZ
200 G ZUCKER
1 EL ZITRONENSAFT

* Die Eiweiße mit dem Salz in einer großen Schüssel steif schlagen (die Schüssel muss absolut fettfrei sein, sonst wird das Eiweiß nicht steif). Den Zucker und den Zitronensaft zugeben und weiterhin schlagen, bis der Zucker nicht mehr knirscht und die Masse sehr fest ist und glänzt.
* Den Backofen auf 200 °C vorheizen.
* Ein Backblech mit Wasser benetzen, dann mit Backpapier auslegen. Mit einem Löffel Nocken von der Baisermasse abstechen und auf das Blech setzen. Das Blech in den vorgeheizten Ofen schieben, nach 3 Minuten den Ofen ausstellen und die Ofentür 8 Stunden nicht mehr öffnen.

Tipps

Früher hat man Essig unter die Baisermasse gemischt. Zitronensaft ergibt jedoch einen feineren Geschmack. Die Säure von Zitrone oder Essig dient dazu, die Gerinnung des Eiweißes so zu fördern, dass der Eischnee steif bleibt.

Die Baisers halten sich in einem geschlossen Gefäß mehrere Wochen.

Helene Weigel notiert: 1/2 Stunde gut rühren. Das Blech gut fetten und mit Mehl bestreuen.

Salzburger Nockerln

Für 4 Personen
(aus Helene Weigels Kochbuch)

★ Die Milch mit der Butter und dem Vanillezucker in einer flachen feuerfesten Form auf dem Herd aufkochen lassen. Heiß halten.

★ Die Eiweißmasse sehr steif schlagen, dabei das Salz und nach und nach die Hälfte des Zuckers hinzufügen.

★ Ein Drittel des Eischnees mit den Eigelben und dem restlichen Zucker mischen. Diese Mischung langsam unter den weißen Eischnee ziehen. Das Mehl darüber sieben und zusammen mit der Zitronenschale unterheben.

★ Den Backofen auf 220 °C vorheizen.

★ Die Eischneemasse mit Hilfe eines großen Löffels in Nocken in die heiße Milch-Butter-Mischung setzen und 10 Minuten im vorgeheizten Ofen goldbraun überbacken (die Nocken sollten innen noch cremig-weich sein). Herausnehmen, mit Puderzucker bestreuen und sofort servieren.

1/8 L MILCH
50 G BUTTER
VANILLEZUCKER
6 EIWEISS
1 PRISE SALZ
140 G ZUCKER
2 EIGELB, LEICHT VERQUIRLT
6 EL MEHL
ABGERIEBENE SCHALE VON 1/2 ZITRONE
PUDERZUCKER

Helene Weigel notiert: 7 Dk Butter treibt mit 3 Eßlöffel Zucker 3 Dotter flaumig ab, gibt 3 Schnee. 3 Kaffeelöffel Mehl dazu, dann gibt man in ein Reindel Milch, dass der Boden bedeckt ist, ein klein Stückchen Vanille hinein, lässt die Milch aufkochen, wieder auskühlen, gibt den Teig hinein und lässt denselben in der Röhre backen.

Fruit Cake à la Weigel

Für 2 Kastenkuchen
(aus Helene Weigels Kochbuch)

✶ Den Zucker mit der Butter schaumig rühren. Das Salz hinzufügen. Dann das Mehl mit dem Backpulver portionsweise mit jeweils 1 Ei einarbeiten. Unter die letzte Mehlportion den Zimt, das Nelkenpulver und die Muskatnuss mischen. Gründlich durchrühren.

✶ Die Orangen-, Zitronen- und Grapefruitstückchen mit dem Apfelmus und dem Wein mischen und unter den Teig ziehen. Rosinen, Datteln, Orangeat, Zitronat, Kirschen, Ingwer und Nüsse in eine Schüssel geben und das Mehl darüber sieben. Das Ganze mischen, bis die Früchte mit Mehl überzogen sind. Die Mischung unter den Teig heben.

✶ Den Backofen auf 140 °C vorheizen.

✶ 2 Kastenformen mit Butter einfetten und mit Semmelbröseln ausstreuen; lose Reste herausschütten. Die Kuchen im vorgeheizten Ofen 2 Stunden backen, dann die Temperatur auf 120 °C senken und die Kuchen weitere 2 Stunden backen, bis sie gar sind.

✶ Die Kuchen in der Form auskühlen lassen. Zum Aufbewahren in Alufolie wickeln und an einen kühlen Platz geben.

Helene Weigel notiert: Prepare fruit and mix with the 2 cups of flour. Cream butter, add Sugar and drop the Eggs one by one and Cream each time, add flour and spices. Apple sauce and Wine, mix with fruit. Bake in very slow oven 250° for 4 hours. (First two hours 250°, then turn to 200°. Makes about 4 to 6 (2 1/2 pound Cakes).

---

250 G BRAUNER ZUCKER
250 G BUTTER
1 PRISE SALZ
6 EIER
500 G MEHL
1 TL BACKPULVER
1 TL ZIMT
JE 1/2 TL NELKENPULVER UND FRISCHE GERIEBENE MUSKATNUSS
FRUCHTFLEISCH VON JE 1/2 ORANGE UND ZITRONE, KLEIN GEWÜRFELT
FRUCHTFLEISCH VON 1/4 GRAPEFRUIT, KLEIN GEWÜRFELT
250 ML APFELMUS
100 ML WEISSWEIN
JE 150 G ROSINEN UND DATTELN
JE 60 G ORANGEAT UND ZITRONAT, FEIN ZERKLEINERT
60 G KIRSCHEN (BELEGKIRSCHEN), GEVIERTELT
30 G EINGELEGTER INGWER, FEIN ZERKLEINERT
50 G NÜSSE, GROB GEHACKT
150 G MEHL FÜR DAS OBST

BUTTER FÜR DIE FORM
SEMMELBRÖSEL FÜR DIE FORM

Zitronenkuchen

Für 1 Kuchen

Für den Teig

250 G BUTTER

250 G ZUCKER

1 PÄCKCHEN VANILLEZUCKER

3 EIER, EIWEISS UND EIGELBE GETRENNT

250 G MEHL

1/2 TL BACKPULVER

80 G FEIN GEHACKTE WALNÜSSE

BUTTER FÜR DIE FORM

1 EL FEIN GERIEBENE HASELNÜSSE FÜR DIE FORM

Für die Glasur

PUDERZUCKER

SAFT VON 2 ZITRONEN

❋ Butter, Zucker, Vanillezucker und die Eiergelbe schaumig rühren. Das Mehl mit dem Backpulver Zug um Zug hineinsieben und einarbeiten. Das Eiweiß sehr steif schlagen und unter den Teig ziehen. Die Walnüsse unterheben.

❋ Den Backofen auf 180 °C vorheizen. Eine Kastenform mit Butter einfetten und mit den fein geriebenen Haselnüssen ausstreuen. Lose Reste herausschütten.

❋ Den Teig in die Form füllen und im vorgeheizten Backofen 45 bis 50 Minuten backen. Herausnehmen, 3 Minuten in der Form ruhen lassen, dann auf ein Kuchengitter stürzen.

❋ Für die Glasur so viel Puderzucker mit dem Zitronensaft glatt verrühren, bis die Masse dickflüssig von einem Löffelrücken abläuft. Die Glasur auf dem noch warmen Kuchen von der Mitte aus verstreichen. Den Kuchen vor dem Aufschneiden auskühlen lassen.

Schwedischer Apfelkuchen

Für 1 Kuchen
(aus Helene Weigels Kochbuch)

✶ Die Butter mit dem Zucker schaumig rühren. Das Mehl mit dem Backpulver hineinsieben und gründlich einarbeiten; dabei die Sahne in kleinen Portionen einrühren.

✶ Den Backofen auf 180 °C vorheizen. Eine Springform mit Butter einfetten und mit Semmelbröseln ausstreuen; lose Reste herausschütten. Den Teig in die Form geben und die Oberfläche glatt streichen.

✶ Die Äpfel schälen, entkernen und in schmale Schnitze schneiden. Die Apfelschnitze – etwa 1 cm vom Rand der Form entfernt beginnend – in den Teig stecken. Zwischen den Schnitzen kleine Abstände lassen.

✶ Den Kuchen im vorgeheizten Ofen etwa 40 bis 50 Minuten backen. Herausnehmen, 3 Minuten in der Form ruhen lassen, dann zum Auskühlen auf ein Kuchengitter setzen.

✶ Zum Servieren dick mit Puderzucker bestreuen.

Helene Weigel notiert: Erst Butter mit Eier und Zucker gut verrühren, dann saure Sahne zu Mehl leicht (gesiebt) einrühren, das Backpulver dem Mehl beimischen, in längliche Form Obst einlegen.

80 G BUTTER
150 G ZUCKER
2 EIGELB
350 G MEHL
3 TL BACKPULVER
150 ML SAURE SAHNE
500 G SÄUERLICHE ÄPFEL
BUTTER FÜR DIE FORM
SEMMELBRÖSEL

Zum Servieren
PUDERZUCKER

Apfelstrudel

Für 4 bis 6 Personen

Für den Teig
200 G MEHL
1 EI
1 PRISE SALZ
4 EL ÖL
MEHL ZUM BESTÄUBEN

Für die Füllung
500 G SÄUERLICHE ÄPFEL
SAFT SOWIE ABGERIEBENE SCHALE VON 1 ZITRONE
100 G ZUCKER
1 TL ZIMT
2 EL APFELSAFT ODER RUM
60 G ROSINEN
80 G GEMAHLENE WALNÜSSE
80 G SEMMELBRÖSEL
40 G BUTTER

100 G BUTTER ZUM BESTREICHEN
MEHL ZUM BESTÄUBEN

✷ Mehl, Ei, Salz, 3 Esslöffel Öl und 100 Milliliter lauwarmes Wasser in einer Schüssel vermengen. Die Mischung auf die (unbemehlte) Arbeitsfläche heben und so lange kräftig kneten, bis der Teig glatt ist und nicht mehr an den Händen klebt. Den Teig auf ein bemehltes Blech setzen und die Oberfläche mit dem restlichen Öl bestreichen. 30 Minuten ruhen lassen.

✷ Inzwischen die Äpfel schälen, vierteln, entkernen und in dünne Blättchen schneiden. Die Äpfel mit dem Zitronensaft, der abgeriebenen Schale, dem Zucker, Zimt, Apfelsaft, den Rosinen und den gemahlenen Walnüssen mischen. Die Semmelbrösel in 40 Gramm Butter goldgelb rösten. Die 100 Gramm Butter zerlassen.

✷ Ein Geschirrtuch auf der Arbeitsfläche ausbreiten und dünn mit Mehl bestreuen. Den Teig darauf etwa 30 cm breit rechteckig ausrollen. Mit beiden bemehlten Handrücken unter die Teigmitte greifen, dann jeweils von der Mitte aus mit dem einen Handrücken den Teig möglichst papierdünn ausziehen. Dicke Teigränder abschneiden.

✷ Eine lange, flache ofenfeste Form dünn mit zerlassener Butter ausstreichen. Den Backofen auf 200 °C vorheizen.

✷ Zwei Drittel der Teigplatte mit den gerösteten Semmelbröseln bestreuen und die Füllung darauf gleichmäßig verteilen. Den freien Teig mit zerlassener Butter dünn bestreichen. An der belegten Schmalseite die Teigplatte mit dem Tuch anheben und mit Hilfe des Tuches locker einrollen. Den Strudel mit der Naht nach unten in die Form legen und dick mit zerlassener Butter bestreichen.

✷ Den Strudel im vorgeheizten Ofen 30 bis 35 Minuten goldbraun backen (alle 10 Minuten dick mit zerlassener Butter bestreichen). Herausnehmen, 5 Minuten in der Form auskühlen lassen.

✷ Warm oder kalt – mit Puderzucker bestreut – servieren.

Rückkehr nach Berlin

„Das deutsche Volk lebt jetzt ... ohne zureichende Nahrung, ohne Seife, ohne die baren Grundlagen der Kultur."

Nach 15 Jahren im Exil kamen Bertolt Brecht und Helene Weigel am 22. Oktober 1948 über die Schweiz bzw. Österreich in Dresden an. Brecht notierte in sein „Journal": „Russen haben Sojabohnenöl importiert, das macht was aus. Herbstliche Wälder, hier und da gesprengte Brücken, verrostete Panzerwägen im Graben. An der Zonengrenze fehlen Wagenpapiere, ich gehe in die deutsche Polizeistation, telefoniere mit dem Deutschen Theater in Berlin. Ein paar Wägen holen uns ab, Abusch vom Kulturbund. Im Klub des Kulturbunds ist Becher, Jhering, Dudow. Die Presse war am Bahnhof gewesen, die sind wir zunächst los. Wir wohnen im Adlon." Die Luxusherberge, das weltbekannte Hotel Adlon an einem der schönsten Plätze Berlins, hatte den Krieg nicht überstanden. Es wurde von der SS einen Tag nach Hitlers Selbstmord im Bunker noch in Brand gesteckt. Nur ein Flügel des Wirtschaftstraktes blieb einigermaßen bewohnbar.

Die Ankunft des Ehepaares in der sowjetischen Besatzungszone zu einer Zeit, in der die Russen versuchten, „Westberlin auszuhungern und sich zu Tode frieren zu lassen, war ein propagandistischer Geniestreich". Das an der Grenze aufgenommene Pressefoto der Heimkehrer zeigt sie vor einem großen Auto sowjetischer Bauart. Brecht im Anzug und Weigel in einem Wollmantel. Auf ihren Pelzmantel hat sie an diesem Tag verzichtet. Der befand sich in dem umfangreichen Gepäck, das einen zweiten Wagen nötig machte. Brecht schrieb in sein Tagebuch, dass Schrecker sie an der Grenze abholte. Als Erstes wollte er wissen, ob die Brechts etwas zum Essen dabeihätten, da er großen Hunger habe. „Brot mit Wurst kauend, spricht er weiter darüber, daß man die Macht hat, jedoch große Schwierigkeiten. Ein Essen mit Reden in einem Vorort. Die Anwesenden Renn, Theaterleute, Parteileute – sehr nett und sehr hungrig … Der Parteivorsitzende erwähnt, daß es jetzt heiße: Erst kommt die Moral, dann das Fressen."

Die Rückkehr in eine so schrecklich zerstörte Stadt erschütterten Bertolt Brecht und Helene Weigel. Außerdem hatten die Russen den Landweg nach Berlin abgeschnitten, die Versorgung der Bewohner der Westsektoren musste über die Luft erfolgen. Das Ehepaar sah, wie negativ sich die russische Okkupation auswirkte. Obwohl die beiden nur mit wenigen Vertrauten sprechen konnten, ließ sich nicht überhören, dass das Blutvergießen durch die Russen bei der Einnahme Berlins noch allgegenwärtig war. Brecht nahm – mehr oder weniger notgedrungen – an einigen Empfängen teil, weigerte sich aber, öffentlich eine Rede zu halten. Weder im „Haus der Kultur" noch ein paar Tage später, als er, seine Frau und Hanns Eisler an einer Friedenskundgebung des Kulturbundes teilnahmen, der für Brechts Aufenthalt in Berlin aufzukommen hatte.

Ruth Berlau, die ebenfalls in Berlin angekommen war und als Brechts Assistentin fungierte, konnte dank ihres dänischen Passes im amerikanischen PX (Post Exchange) einkaufen und schleppte Taschen voll mit Zigarren, Grapefruitsaft, Eiern, Weißbrot, Bier, Käse, Dosenmilch und Kaffee ins Hotel. Der Dramaturg Peter Palitzsch besuchte Brecht im Hotel Adlon. Er arbeitete damals an der „Volksbühne" in Dresden und hatte gehört, dass Brecht zurückgekommen war. Dieser empfing den ihm unbekannten Palitzsch sehr freundlich. Er bestellte ihm sofort belegte Brote und sah ihm schweigend beim Essen zu. Palitzsch war sehr hungrig, wie damals die meisten Menschen. Brecht bot Palitzsch an, für ihn zu arbeiten – Palitzsch wurde einer der ersten Mitarbeiter des Berliner Ensembles. Helene Weigel fuhr zu Palitzsch nach Dresden, und sie suchten und kauften drei Tage lang antike Möbel. Und wie immer, so auch diesmal besorgte Helene Weigel eine Wohnung in Berlin für den neuen Mitarbeiter Palitzsch.

Im Frühjahr 1948 wurde dem Künstlerehepaar eine Villa in Weißensee in der Berliner Allee 185 (damals Nr. 190) zugewiesen. Sehr aufschlussreich ist die Beschreibung vom Brecht'schen Domizil durch Max Frisch, der sich im Mai 1950 zu Besuch in Berlin aufhielt: „Das Gerücht, dass Brecht, von den Russen in einen Palast gesetzt, wie ein Großfürst hause inmitten der Armut von Ost-Berlin und dass die Weigel (die ‚Barrikaden-Duse') kostbare Antiquitäten aus der armen Zone käuflich erbeutet habe, fand ich, wie erwartet, nicht bestätigt. Eine Villa wie tausend andere in Berlin: unzerstört, nur etwas vernachlässigt in einem verlotterten Garten, geräumig und, wenn ich mich richtig erinnere, fast teppichlos. Ein schöner alter Schrank, ein paar Möbel bäuerlichen Stils, alles in allem wenig, Provisorisches, wie immer um Brecht. Ich schlief in einer Dachkammer, ehedem Dienstmädchenzimmer; Wände voll marxistischer Klassiker." Damals, 1949, schrieb Brecht an Georg Pfanzelt in Augsburg: „Natürlich denk ich jetzt wieder, daß ich in den nächsten Wochen hinunterkommen kann … Ich wohne in Weißensee, teilweise im Grünen, grüne Flecken gibt es immer noch in den großen Trümmerhaufen, die Bäume zumindest sind unverändert. Aber ich würde gern wieder einen Spaziergang am Lech machen, den es ja wohl auch noch gibt."

> „Das war nicht

Seiten 146-147: Das Foto ist am 12. Mai 1966 in der Wohnung von Barbara Brecht-Schall entstanden. In fröhlicher Runde v.l.n.r.: Hanna Budzislawski, Ekkehard Schall, Elfriede Bork, Kurt Bork und Helene Weigel.
Seite 148: Offizielle Begrüßung von Bertolt Brecht und Helene Weigel im Oktober 1948 in Dresden in einem Pressefoto von der Rückkehr aus dem Exil.
Oben: Porträtstudien zur Helene Weigel von Vera Tenschert.

einfach etwa."

In der Ehe mit Bertolt Brecht zeigte sich, über alle Missstimmigkeiten hinweg, Helenes Fähigkeit zur Versöhnung durch alle diese Jahre. Aber im Frühjahr 1953 konnte Helene das Zusammenleben mit ihrem Mann nicht mehr ertragen. Bereits während der Proben von „Die Gewehre der Frau Carrar" (November 1952) hatte sich Brecht seiner Frau gegenüber – wie auch bei den Proben zu „Katzgraben" – unbeherrscht benommen und sie mehrfach vor seinen Mitarbeitern und den Schauspielern laut kritisiert. Sie verließ die gemeinsame Wohnung in Weißensee und zog zusammen mit ihrer Tochter Barbara in eine dem Brecht-Ensemble zur Verfügung gestellte Wohnung in der Reinhardtstraße 1, nahe dem Theater.

Helene Weigel hat kaum je darüber gesprochen, wie die Ehe mit Bertolt Brecht funktioniert hat, wie sie es ertragen konnte, immer und immer wieder mit seinen Geliebten konfrontiert zu werden. Bewundernswerterweise sorgte sie sich auch um die eine oder andere Geliebte. Nur einmal war sie bereit, wenigstens für kurze Zeit ihren Gefühlen freien Lauf zu lassen. Das war bei einem langen Gespräch mit dem Literaturwissenschaftler Werner Hecht, der ihr mit seinem wunderbaren Buch „Helene Weigel. Eine große Frau des 20. Jahrhunderts" ein literarisches Denkmal gesetzt hat. Helene Weigel sagte damals mit Blick auf ihre Ehe: „Außerdem sind da doch die ganzen Geschichten. Da gibt's so viele Schwierigkeiten dazwischen. Und da sind auch diese – wirklich also für mich manchmal untragbaren Weibergeschichten da, mit diesen blöden Frauenzimmern, wo ich nie verstanden habe, was er von denen hatte. Also für mich waren einige von diesen Damen unverständlich. Wissen Sie, wenn ich über meine Beziehung zu Brecht was sagen sollte und nicht darüber auch spreche, wär es ein Verschweigen. Denn das war wichtig, natürlich. Aber so wichtig war's wieder auch nicht … aber das ist gar nicht so einfach, über diese Sachen ernsthaft zu sprechen und auf die anderen Damen nicht einzugehen." Die Beziehung zu ihrem Mann war „eine große Liebesbeziehung". Sie gab zu, dass „al-

152 KOMM UND SETZ DICH, LIEBER GAST

les sehr, sehr weh getan! Das war nicht einfach etwa". Werner Hecht fühlte, wie nah es ihr ging, darüber zu sprechen. Seine nächste Frage war, was Brecht privat an ihr geschätzt habe. Weigel: „Wissen Sie, so kann ich's Ihnen nicht sagen. Der Brecht hat wirklich völliges Vertrauen zu mir gehabt. Also, es gab keinen Punkt, wo er an meiner völligen Zuverlässigkeit gezweifelt hat. Erinnern Sie sich, da gab es diesen kurzen Satz: ‚Sie ist unbeliebt …' Das hat sich nicht geändert, in keiner Situation. Diese Selbstverständlichkeit war da. Ju!"

Brecht fand das Leben allein in der scheußlichen „Villa" langweilig. Er beschloss, in die Chausseestraße 125 umzuziehen. Aus Buckow erhielt Helene Weigel im Juni 1953 die Mitteilung ihres Mannes, dass es ihm gelungen sei, in der Chausseestraße, im 2. Block ab dem Platz, über den man zur Akademie fährt, eine Wohnung zu bekommen. „Ein Hinterhaus (wie das Vorderhaus sehr alt, zweistöckig aus den dreißiger Jahren, also sehr hübsch, ziemlich ärmlich, für kleine Leute gebaut)." Was Brecht außerdem faszinierte, war die Tatsache, dass Fenster dieser Wohnung auf den Friedhof hinausgingen. „Er ist nicht ohne Heiterkeit", schrieb er seinem Verleger Peter Suhrkamp. Auf diesem „französischen Friedhof", dem Dorotheenstädtischen Friedhof, auf dem Hugenottengeneräle ebenso ruhten wie Hegel und Fichte, dort wollte Brecht auch begraben werden. Und dort ruht er heute auch.

Als Brecht und Helene Weigel vom 16. bis 30. Oktober 1953 in Wien weilten, liefen die Proben zu „Die Mutter" im Theater an der Scala harmonisch. Brecht ging es gut, er aß „eine Cassata bei Sacher" und besuchte die kunsthistorischen Museen. Ruth Berlau erfuhr von Brecht, dass nicht nur das Ensemble des Neuen Theaters in der Scala gut sei, sondern das Essen geradezu sensationell, „sogar Busch *frißt*". Die Premiere von „Die Mutter" riss die Theaterbesucher zu einem Beifallsorkan hin. „Die Hauptgestalt des Werkes … wird von Brechts Gattin, der Leiterin des Berliner Ensembles, Helene Weigel, verkörpert – es ist eine schauspielerische Leistung, wie man sie nur höchst selten zu sehen bekommt."

Im Einvernehmen mit Brecht zog Helene Weigel im November 1953 in die über seiner Wohnung in der Chausseestraße 125 gelegenen Räume ein. Barbara Brecht-Schall erzählte, dass eines Tages ihr Vater in der Reinhardtstr. 1 vorbeigekommen sei und aus der Hosentasche einen Veilchenstrauß gezogen habe. Die Tochter verließ das Zimmer, und es geschah, was nicht vorauszusehen war. Helene Weigel zog mit in die Chausseestraße.

Links: Helene Weigel sammelte auf ihren Reisen schöne Krüge mit denen sie ihre Wohnung dekorierte. Rechts: Brechts kleines Arbeitszimmer in der Chausseestraße in Berlin.

"... meine Fenster gehen alle
Er ist nicht ohne

auf den Friedhofpark hinaus. Heiterkeit."

Dieses Haus in der Chausseestraße ist heute ein Museum, das im Wesentlichen so erhalten ist, wie Brecht und Weigel die Wohnungen eingerichtet hatten. Der Besucher betritt die Wohnung durch die ehemalige Teeküche, dann öffnet sich die Tür zum kleinen Arbeitsraum, in dem der größte Teil von Brechts 3500 Bände umfassender Bibliothek untergebracht ist. Die alten Sitzmöbel sind paarweise angeordnet, in der Leseecke am Kachelofen fallen das Leninporträt und drei Masken des japanischen No-Theaters auf. Im großen Arbeitszimmer mit Blick auf den Dorotheenstädtischen Friedhof bot ein runder Tisch einem ganzen Stab von Mitarbeitern Platz. Brechts Schlafzimmer war sehr klein gewesen. Vom ersten Stock führt eine Treppe abwärts in die Wohnräume von Helene Weigel, die noch so aussehen, wie sie sich diesen Lebensraum nach dem Tod ihres Mannes geschaffen hat. Sie ließ sich eine Veranda anbauen.

Ihre Wohnung beeindruckt durch die Individualität, belegt ihre Sammelleidenschaft besonders für Tonkrüge. Auf ihren Reisen gefiel ihr immer wieder ein Krug, und so allmählich wurden es fast zu viele. Sie entdeckte ihre Liebe zu Körben, die allerdings noch mehr Platz brauchten. Sie meinte einmal, eine Knopfsammlung wäre Platz sparender.

Die Küche lädt buchstäblich zum Kochen ein. Ein besonderes Stück ist der weiß gestrichene Küchenschrank mit hübscher Schnitzerei, gedrechselten Säulchen und mit Porzellanfrühstücksbrettchen sowie anderen Gebrauchsgegenständen dekoriert. Die Kochbuchsammlung weist mehrere Bücher zu Pilzen auf, die Helene gerne ihren Gästen anbot. Das bevorzugte Porzellan mit dem Zwiebelmuster, das im Wohnzimmerschrank hinter Glas zu sehen ist, stammt aus Meißen.

Im Obergeschoss finden sich heute das Bertolt-Brecht-Archiv und das Helene-Weigel-Ar-

Vorhergehende Doppelseite: Brechts großes Arbeitszimmer in der Chausseestrasse in Berlin.
Auf dieser Seite: Der weiß gestrichene Küchenschrank und ein Frühstücksbrettchen aus Porzellan in Helene Weigels Küche.

chiv. 1992 hat das Land Berlin den Nachlass erworben, der seit 1993 von der Stiftung Akademie der Künste betreut wird. Die Aufführungs- und Abdruckrechte werden von der Erbengemeinschaft Brecht wahrgenommen, deren Büro im Erdgeschoss des Hauses ist.

Im Vorderhaus ist das Literaturforum, Nachfolger des 1978 gegründeten Brecht-Zentrums der DDR. Aus Anlass des 80. Geburtstags von Bertolt Brecht wurde das Haus Chausseestraße völlig renoviert und als Museum und Veranstaltungszentrum der Öffentlichkeit übergeben. Zu Brechts Geburtstag finden alljährlich Brecht-Tage statt, ansonsten Ausstellungen und Lesungen.

Oben: Gäste im Brechtkeller zur Eröffnung am 9.2.1978, v.l.n.r.: Ekkehard Schall, Barbara Brecht-Schall, Erich Honecker, Hans Joachim Hoffmann, Gisela May, Günther Mittag. Unten, rechte und folgende Seite: Der Brechtkeller heute.

Der Brechtkeller

Das Kellerrestaurant „Brechtkeller" wurde 1978 vom DDR-Kulturministerium als Teil des Brecht-Zentrums eingerichtet, zum Gedenken an den vermeintlichen Vorzeigekommunisten, der damals 80 Jahre alt geworden wäre. Barbara Brecht-Schall und ihr Mann Ekkehard Schall konnten zur Eröffnung am 9. Februar 1978 als Gäste begrüßen: Erich Honecker, Vorsitzender des Staatsrats der DDR, Hans Joachim Hoffmann, Minister für Kultur der DDR, Gisela May, Brechtinterpretin und Mitglied des BE sowie Günther Mittag, Sekretär des ZK der SED für Wirtschaft. Zu DDR-Zeiten war das Restaurant „ein exklusiver Wallfahrtsort für Arbeitskollektive", die sich erst ein Stück von Brecht im Theater ansahen, dann das Wohnhaus von Brecht und Weigel besuchten, um anschließend einzukehren. Man speist auch heute in ei-

nem besonderen Ambiente im Licht von alten Theaterscheinwerfern. Es gibt Schaukästen, in denen die maßstabgetreuen Original-Bühnenbilder von „Mutter Courage" und der „Dreigroschenoper" von dem Spezial-Tischler Toni Schubert zu sehen sind. Man sitzt auf Stühlen, die aus alten Kneipen stammen, und breitet sich auf Tischen aus, von denen keiner dem anderen gleicht. Es wird auch heute von Porzellan mit Zwiebelmuster gespeist – allerdings ist es kein Meißner Porzellan, das wäre für die Souvenirjäger zu verführerisch –, viele Familienfotos um Brecht und Weigel schmücken die Wände. Im Kellerrestaurant wird mitten in Berlin nach Rezepten der böhmisch-österreichischen Küche aufgetragen, wobei viele Gerichte auf Helene Weigels handschriftlichem Kochbuch basieren. Es gibt in diesem Restaurant aber auch Zugeständnisse an die Berliner bzw. internationale Küche. Die folgenden Rezepte stammen aus der Speisekarte des Brechtkellers.

Paradeisersuppe
(Tomatensuppe)

Für 4 Personen

1 KG VOLLREIFE TOMATEN (PARADEISER)
2 EL BUTTER
1 GROSSE ZWIEBEL, FEIN GEWÜRFELT
2 KNOBLAUCHZEHEN, FEIN GEWÜRFELT
3/4 L HEISSE GEMÜSEBRÜHE
SALZ
PFEFFER
1 PRISE CHILIPULVER
200 G SPECKWÜRFEL

Zum Servieren
SCHMAND
IN BUTTER GERÖSTETE CROUTONS
FRISCHE KRÄUTER

✶ Die Tomaten mit kochend heißem Wasser übergießen, kalt abschrecken und die Schale abziehen. Die Früchte halbieren und die Samen entfernen, dann das Fruchtfleisch würfeln.

✶ In einem Topf die Butter zerlassen und darin die Zwiebeln sowie den Knoblauch hellgelb andünsten. Die Tomaten zufügen und 5 Minuten unter ständigem Rühren dünsten. Die Hälfte der Gemüsebrühe zugießen. Mit Salz und Pfeffer würzen. Die Suppe 15 bis 20 Minuten köcheln lassen, die restliche Gemüsebrühe in kleinen Portionen einrühren und die Speckwürfel dazugeben.

✶ Die Suppe mit dem Mixstab pürieren und mit Chilipulver abschmecken. Eventuell die Flüssigkeit noch etwas einkochen lassen; die Suppe sollte eine dicke, sämige Konsistenz haben.

✶ Zum Servieren die Suppe auf vorgewärmte Teller geben und je 1 Esslöffel Schmand sowie Croutons hinzufügen. Mit Kräutern garnieren. Sehr heiß servieren!

Wallerfilets

Für 4 Personen

■ Die Wallerfilets waschen und gut trockentupfen. Die Filets mit Zitronensaft, Salz und Pfeffer einreiben.

■ In einer Pfanne die Butter zerlassen. Die abgeriebene Zitronenschale einrühren und die Fischfilets hinzufügen. Die Filets auf jeder Seite 2 bis 3 Minuten braten, dabei jeweils die bereits gebratene Seite mit etwas Weißwein beträufeln.

■ Die Fischfilets auf vorgewärmten Tellern anrichten und mit ein wenig Butter aus der Pfanne beträufeln. Mit Zitronenschnitzen garnieren. Gut dazu schmecken Salzkartoffeln und Blattsalat.

---

4 WALLERFILETS (WELSFILETS) À 100—120 G

SAFT UND ABGERIEBENE SCHALE VON 1/2 ZITRONE

SALZ

WEISSER PFEFFER AUS DER MÜHLE

2 EL BUTTER

2 EL WEISSWEIN

Zum Garnieren

ZITRONENSCHNITZE

Krautspätzle

Für 4 Personen

400 G MEHL

2 EIER

SALZ

250–300 ML MILCH

250 G SAUERKRAUT

SCHWARZER PFEFFER AUS DER MÜHLE

Zum Servieren

BUTTER

80 G DURCHWACHSENER SPECK, FEIN GEWÜRFELT

* Mehl, Eier und 2 Teelöffel Salz mit so viel Milch verrühren, bis ein fester Teig entsteht, der Blasen schlägt. Den Teig mit Salz abschmecken und 10 Minuten ruhen lassen.
* Den Teig portionsweise durch einen Spätzlehobel in sprudelnd kochendes Salzwasser geben und 2 bis 3 Minuten garen, bis alle Spätzle an die Oberfläche gestiegen sind. Jede Portion mit dem Schaumlöffel herausheben, abtropfen lassen, in eine Schüssel geben, das Sauerkraut unterheben, mit etwas Pfeffer bestreuen und leicht vermischen. Die Schüssel immer wieder fest zugedeckt bei 50 °C in den Backofen stellen, damit die Spätzle heiß bleiben.
* Während die Spätzle gegart werden, die Speckwürfel in einer Pfanne kross braten.
* Zum Servieren die Krautspätzle auf vorgewärmten Tellern anrichten und jeweils die Speckwürfel darüber geben und leicht unterheben.

Tipp

Den Spätzleteig kann man auch mit Wasser anrühren.

Fleischlaberl mit Bohnen

Für 4 Personen

Für die Laberl

400 G HACKFLEISCH
VOM KALB UND SCHWEIN

1/2 TL SALZ

1 KRÄFTIGE PRISE PFEFFER

1 KNOBLAUCHZEHE,
SEHR FEIN ZERKLEINERT

4 EL FEIN GEWÜRFELTE
ZWIEBELN, ANGERÖSTET
MIT MAJORAN

1 TL SENF

1 EI

1 SCHEIBE WEISSBROT,
IN WASSER EINGEWEICHT
UND AUSGEDRÜCKT

1 EL EIS- ODER MINERALWASSER

40 G BUTTERSCHMALZ

Für die Bohnen

400 G PRINZESSBOHNEN,
FRISCH ODER TIEFGEFROREN

SALZ

8 DÜNNE SCHEIBEN
DURCHWACHSENER SPECK

✸ Die Zutaten – bis auf das Butterschmalz – für die Fleischlaberln zu einem gut gebundenen Teig vermengen und vier Laibchen formen.

✸ Das Schmalz erhitzen und darin die Laberl 10 bis 15 Minuten langsam braten, bis sie auf beiden Seiten kross und innen durchgebraten sind.

✸ Inzwischen die Bohnen in leicht gesalzenem kochendem Wasser 2 bis 3 Minuten blanchieren. Abgießen und etwas abkühlen lassen.

✸ Die Bohnen der Länge nach in die Speckscheiben wickeln und in eine vorgeheizte Pfanne geben. Die Bohnenbündel unter Wenden braten, bis das Weiße vom Speck glasig ist.

✸ Zum Servieren Laberl und Bohnen auf vorgewärmten Tellern anrichten. Sofort servieren! Gut dazu schmecken Semmelknödel, in Scheiben geschnitten und kurz von beiden Seiten in Butterschmalz gebraten.

Tipp

Für die Semmelknödel 6 Semmeln in Scheiben oder Würfel schneiden und in reichlich Milch einweichen. 5 Eigelb mit 2 Esslöffeln Butter und einer Prise Salz verrühren und unter die Semmeln mischen. Eine nasse, gut ausgewrungene Serviette mit Mehl bestäuben und darin den Semmelteig einwickeln und etwa 30 Minuten in leicht gesalzenem siedendem Wasser garen.

Salzburger Beiried
(Roastbeef im Krenmantel)
Für 4 Personen

■ Den frischen Kren schälen, in kleine Würfel schneiden, im Mixer pürieren, dann die flüssige Sahne zufügen und weiter mixen, bis eine schöne weiße, cremige Masse entsteht. Die Masse aus dem Mixer entnehmen und in eine Schüssel geben. Hiernach die Eier und das gesiebte Mehl zufügen. Alles vermengen und mit Salz und Pfeffer abschmecken. Die Masse darf weder zu weich noch zu fest sein.

■ Die 4 Roastbeefscheiben großzügig mit der Meerrettichmasse von beiden Seiten bedecken und langsam bei kleiner Hitze in zerlassener Butter braten. Wenden, wenn die Ränder hellbraun werden.

■ Zum Servieren das Salzburger Beiried auf vorgewärmten Tellern anrichten. Gut dazu passen Gemüse (etwa Blumenkohl oder Brokkoli) und Grießnockerln.

4 SCHEIBEN ROASTBEEF À 100-120 G (VOM METZGER ZUSCHNEIDEN LASSEN)
1 STANGE KREN (MEERRETTICHWURZEL)
1/3 L SAHNE
2 EIER
100 G GESIEBTES MEHL (TYP 405)
SALZ
PFEFFER AUS DER MÜHLE
2 EL BUTTER

Buletten nach Berliner Art

Für 4 Personen

200 G RINDERHACKFLEISCH

200 G SCHWEINEHACKFLEISCH

1 ALTBACKENE SEMMEL, IN WASSER EINGEWEICHT UND GUT AUSGEDRÜCKT

1 ZWIEBEL, SEHR FEIN GEWÜRFELT

2 KNOBLAUCHZEHEN, FEIN GEWÜRFELT

50 G DURCHWACHSENER SPECK, SEHR FEIN GEWÜRFELT

SALZ

PFEFFER

1 PRISE KÜMMELPULVER

1 TL GETROCKNETER MAJORAN

3 EL FEIN ZERKLEINERTE PETERSILIE

2–3 EL BUTTER

Zum Servieren

IN ÖL GLASIG GEBRATENE ZWIEBELRINGE

■ Alle Zutaten – außer der Butter – sehr gründlich zu einem gut gebundenen Teig verkneten. Aus dem Teig leicht abgeflachte Bällchen formen.

■ Die Butter in einer beschichteten Pfanne erhitzen und darin die Buletten langsam auf beiden Seiten braun braten, bis sie außen kross und innen durchgebraten sind. Das dauert pro Seite etwa 5 bis 6 Minuten (je nach Dicke der Buletten). Die Buletten erst wenden, wenn sie sich leicht vom Pfannenboden lösen.

■ Zum Servieren die Zwiebelringe über die Buletten geben. Zu warmen Buletten passen gut Berliner Brühkartoffeln und gedünstetes Gemüse. Zu kalten Buletten reicht man Mostrich (Senf) und Brot.

Tipps

Für die Brühkartoffeln werden rohe Kartoffeln halbiert, dann in dicke Stifte geschnitten und mit Suppengrün in Brühe köchelnd gegart. Gewürzt wird mit Salz, Pfeffer und Muskatnuss. Die echten Ur-Berliner Buletten sind ganz schlicht; sie bestehen lediglich aus 500 Gramm Schweinehackfleisch, zwei eingeweichten und ausgedrückten Schrippen (Berlinerisch für Brötchen), einer fein gewürfelten großen Zwiebel, einem Ei sowie Salz und Pfeffer. Gebacken werden sie in Schmalz oder Margarine.

Tafelspitz

Für 4 Personen

- 1 KG SUPPENKNOCHEN
- 2 BUND SUPPENGRÜN
- 2 KNOBLAUCHZEHEN
- 2 NELKEN
- 2 ZWIEBELN
- 2 LORBEERBLÄTTER
- 1 TL WEISSE PFEFFERKÖRNER
- 1,5 KG TAFELSPITZ
- 2 MÖHREN, IN SCHEIBEN GESCHNITTEN
- 2 WEISSE RÜBCHEN, IN SCHEIBEN GESCHNITTEN
- 1 KLEINE STANGE PORREE, IN KURZE STÜCKE GESCHNITTEN
- 1 PETERSILIENWURZEL (SAISONBEDINGT SELLERIE), GEWÜRFELT
- SALZ

Zum Servieren

- 1 STANGE KREN (MEERRETTICH), FRISCH GERIEBEN

❋ Suppenknochen, Suppengrün, Knoblauch, Nelken, Zwiebeln, Lorbeerblätter und Pfefferkörner mit 2 Liter kaltem Wasser in einen großen Topf geben. Langsam zum Kochen bringen, dann 1 Stunde köcheln lassen; dabei den aufsteigenden Schaum abschöpfen. Die Brühe durch ein Sieb in einen anderen Topf abgießen.

❋ Den Tafelspitz in die Brühe legen und die Flüssigkeit bis zum Siedepunkt bringen (es steigen Bläschen auf) und dort – bei mittlerer bis geringer Hitze – halten, das heißt, die Flüssigkeit darf „perlen", aber nicht sprudelnd kochen. Auf diese Weise das Fleisch mit schräg gelegtem Topfdeckel 1,5 Stunden garen. Nach etwa 1 Stunde Möhren, Rübchen, Porree und Petersilienwurzel hinzufügen. Mit Salz abschmecken und das Ganze 30 bis 45 Minuten weitergaren, bis das Fleisch butterweich ist. Das Fleisch herausnehmen, ein paar Minuten ruhen lassen, dann in dünne Scheiben schneiden.

❋ Zum Servieren das Fleisch mit etwas Brühe und Gemüse auf vorgewärmten Tellern anrichten und den Meerrettich separat dazu reichen. Gut dazu passen Bratkartoffeln.

Wiener Backhendl

Für 4 Personen

- Die Hähnchen waschen, gut trockentupfen und vierteln.
- Jedes Hähnchenviertel rundum mit Salz und Pfeffer gründlich einreiben. Dann jedes Viertel in Mehl wenden, durch das verquirlte Ei ziehen und dick mit Semmelbröseln panieren.
- Das Schweineschmalz in einer Kasserolle erhitzen und darin die Hähnchenviertel 12 bis 15 Minuten braten, bis sie goldbraun und kross sind. Portionsweise braten, da die Hähnchenstücke im Fett schwimmend ausbacken sollen! Auf Küchenpapier abtropfen lassen.
- Zum Servieren die Hühnchenteile auf vorgewärmten Tellern anrichten und mehrere Zitronenscheiben dazulegen. Gut dazu passt ein mit Zironensaft-Zucker-Marinade angemachter grüner Blattsalat.

2 KÜCHENFERTIGE BACKHÄHNCHEN

SALZ

PFEFFER AUS DER MÜHLE

MEHL

2-3 EIER, LEICHT VERQUIRLT

SEMMELBRÖSEL, GROB GERIEBEN

250 G SCHWEINESCHMALZ ZUM AUSBACKEN

Zum Servieren
ZITRONENSCHEIBEN

1949
Das Berliner Ensemble

Der Neuanfang nach dem Krieg am Deutschen Theater in Berlin wurde ein großer Erfolg. Dies verdankte Brecht vor allem seiner Frau. Mit ihr stand ihm die Hauptdarstellerin zur Verfügung, die seine Intentionen genau umsetzen konnte. Das Erfreulichste war, dass Helene Weigels Schauspielkunst durch das lange Exil nicht gelitten hatte. Einen Test ihres Könnens hatte sie schon hinter sich: Sie spielte 1948 im Stadttheater Chur die Hauptrolle in der Tragödie „Die Antigone des Sophokles" in einer von Brecht erarbeiteten speziellen Bühnenfassung. Brecht fand seine Frau „außerordentlich", den Rezensenten machte das Alter der Hauptdarstellerin zu schaffen.

„Mutter Courage und ihre Kinder" war das erste Stück, das schon nach kurzer Probe in Berlin aufgeführt wurde. „Die Couragefigur Hellis jetzt herrlich, von großer Kühnheit." Dass Essen etwas mit der Motivation zum Kämpfen zu tun hat, das sang Mutter Courage deutlich:

```
Herr Hauptmann, deine Leut marschieren
Dir ohne Wurst nicht in den Tod.
Laß die Courage sie erst kurieren
Mit Wein von Leibs- und Geistesnot.
Kanonen auf die leeren Mägen
Herr Hauptmann, das ist nicht gesund
Doch sind sie satt, hab meinen Segen
Und führ sie in den Höllenschlund.
```

Was Paul Rilla von der Berliner Zeitung am 13.1.1949 schrieb, soll hier stellvertretend für die vielen überschwänglichen Besprechungen des Stückes stehen: „Ein Triumph der Dichtung. Ein Triumph der Aufführung in ihren wesentlichen Absichten. Bert Brecht und seine Gattin Helene Weigel, Erich Engel und das Ensemble müssen sich immer wieder dem Tumult des Beifalls stellen."

Als Mutter Courage neben ihrer erschossenen Tochter das letzte Lied sang, herrschte Totenstille im Theater:

„Herr Hauptmann, das ist nicht gesund."

```
Eia popeia
Was raschelt im Stroh?
Nachbars Bälg greinen
Und meine sind froh.
Nachbars gehen in Lumpen
Und du gehst in Seid
Aus'n Rock von einem Engel
Umgearbeit'.
Nachbars han kein Brocken
Und du kriegst eine Tort
Ist sie dir zu trocken
Dann sag nur ein Wort.
Eia popeia
Was raschelt im Stroh?
Der eine liegt in Polen
Der andre ist werweißwo.
```

Zwei Jahre später trat Helene Weigel in „Die Mutter" als Pelagea Wlassowa auf. Wieder überschlugen sich die Kritiker in ihrem Lob: „Nie war Helene Weigel sichtbarer, eindrucksvoller, größer als in diesem Werk, in dem ihre darstellerische Kunst darin gipfelt, unscheinbar, still, farblos-einfach zu sein. Aber von ihr, der Frau eines Arbeiters und

*Seiten 172/173: Bertolt Brecht, Helene Weigel und Tochter Barbara bei einer Probenpause des „Garten des Azdak" im Haus des Berliner Ensembles.
Helene Weigel die Schauspielerin: als Anna Fierling in „Mutter Courage und ihre Kinder"(Seite 174), mit Ekkehard Schall, ihrem Schwager, in „Die Geschichte der Simone Marchard" (oben) und mit Barbara Berg, ihrer Tochter, in „Der Kaukasische Kreidekreis" (rechts).*

Mutter eines Arbeiters, strahlt eine innere Größe aus, die kein Herz im Publikum ohne Gegenantwort lässt." (K.R., Nachtexpress, Berlin 13.1.1951) Stefan Brecht, in den USA lebend, wurde vom Vater über den Triumph der Mutter informiert: „Inzwischen haben wir uns halbwegs eingewöhnt, zumindest in den Wechsel, in dem hier alles begriffen ist. Helli, seit sie auf dem Planwagen der Courage auf die deutsche Bühne rollte, hat enorm gearbeitet, aber nicht unbemerkt. Ich wollte, Du könntest wenigstens zu Besuch kommen im Frühjahr – hätte ich nur die $! (Aber da weise ich an Dich, was eingeht, und es ist jämmerlich wenig, wie Du ja siehst.)"

Hoch erfreut durch den großen Erfolg der „Mutter Courage" hatte Brecht nun die Hoffnung, ein eigenes Ensemble gründen zu können. Und am 1. April 1949 wurde im Zentralkomitee endgültig der Beschluss gefasst, „ein besonderes Ensemble unter Leitung von Helene Weigel" zu gründen. Vom 18. Mai 1949 stammt die Bescheinigung, „dass das Berliner Ensemble, Leitung Helene Weigel, eine Institution der Deutschen Verwaltung für Volksbildung in der sowjetischen Besatzungszone ist. Helene Weigel ist ab sofort mit dem Aufbau des Ensembles durch die deutsche Verwaltung für Volksbildung beauftragt". Brecht wollte unter keinen Umständen das Theater leiten! Helene Weigel machte sich ans Werk. Es war ihr im Vorfeld gelungen, die nötigen Mittel aufzutreiben. Sie baute ein Bürogebäude zur Probenbühne aus, besorgte Pässe, Wohnungen und (in der sowjetischen Zone) Möbel für die Wohnungen der Schauspieler. Außerdem gelang es ihr, in der Ruinenstadt Berlin ein Sonderessen für das gesamte Personal zu arrangieren.

Am Theater hatte sie sich maßlos über die Qualität des Bühnenessens aufgeregt. Das bekam Wolfgang Langhoff, der Intendant des Deutschen Theaters, besonders zu spüren. Sie lehnte den „elendiglichen Mehlpamps" endgültig ab. Es müsste doch möglich sein, für die Vorstellungen, bei denen gegessen werden muss, ein wenig Haferbrei mit Zucker und ein bisschen Milch zu kochen und warm auf die Bühne zu bringen. Alles andere sei wirklich eine Zumutung für die Schauspieler. Die Getränke im „Puntila" würden immer ungenießbarer. Die Schauspieler müssten das Zeug aber doch trinken. „Ich bitte deshalb, einfachen schwarzen Tee als Schnaps zu nehmen. Bitte ab nächster Vorstellung, lassen Sie Herrn Schrade vorher probieren." Auch Geschirr für das Theater musste ausdrücklich beantragt werden. Tatsächlich erfolgte dann 1952 über die Deutsche Zentralstelle Glas und Keramik eine Lieferung von der Porzellanmanufaktur Meißen an Brecht und Helene Weigel: 1 Speiseservice und 1 Kaffeeservice (für jeweils 12 Personen) mit Zwiebelmuster („zur Einrichtung der Regie-Klasse des Berliner Ensembles").

Im Jahr 1954 erfolgte für das Berliner Ensemble der Einzug in das alte Haus am Schiffbauerdamm, wo Brecht ein Vierteljahrhundert zuvor mit der „Dreigroschenoper" den Durchbruch geschafft hatte. Es folgte ein Jahr später das triumphale Gastspiel mit „Der kaukasische Kreidekreis" in Paris.

RÜCKKEHR NACH BERLIN

Helene Weigel war nicht nur eine Charakterdarstellerin und die Intendantin am Berliner Ensemble, sondern zeitlebens die „Allerweltskümmerin", die besonders gut kochen konnte. Sie bekochte nicht nur die Familienmitglieder, Freunde und Gäste, sondern lud auch immer wieder Mitglieder und Mitarbeiter des Ensembles zum Essen ein. Und dies zu Zeiten, als nicht alle Zutaten für ein ausgefallenes Rezept in Ost-Berlin zur Verfügung standen. Man konnte davon ausgehen, dass die Prinzipalin die entsprechenden Beziehungen hatte. Seit Helene Weigel Intendantin, Schauspielerin und später Nachlassverwalterin war, stand ihr das entsprechende Küchenpersonal zur Verfügung.

Helene Weigel und Elisabeth Hauptmann war die junge Schauspielerin Käthe Reichel in einer Gastregie des „Herrn Puntila und sein Knecht" von Egon Monk in Rostock aufgefallen. Brecht engagierte sie für das Berliner Ensemble. Käthe Reichel erzählte in einer Fernsehsendung in „arte" bei einem Gespräch mit Joachim Lang von einem Besuch mit Brecht in einem kleinen Restaurant in Berlin. Auf der Speisekarte stand „Rinderfilet und Spargel". Brecht bestellte also dieses Gericht und bekam einen Teller mit fünf Spargeln, die Stücke so lang wie ein kleiner Finger, ohne Köpfe, dazu ein zähes Stück Rindfleisch. Brecht fing trotzdem an zu essen. Das Fleisch war so zäh, dass man es nicht essen konnte, und Brecht

„Ich habe gut gekocht."

Ein Arbeitsessen bestand aus mehreren Gängen: etwa Fritattensuppe (Pfannkuchen- oder Flädlesuppe), Hasenkeule oder Rehkeule mit Preiselbeeren und böhmischen Knödeln sowie Salzburger Nockerln. Helene Weigel war keine Genussesserin, sondern aß extrem schnell und war somit fast immer als Erste fertig. Wenn ihre Gäste dann noch genüsslich ihr Hauptgericht verspeisten, begann Helene Weigel mit ihren Darlegungen oder Standpauken. Bis alle mit dem Essen fertig waren, war zumindest für sie alles geklärt. Nur einmal, 1950, gab es einen Angriff auf Helene Weigels Kochkunst, und nicht nur auf diese, von Ruth Berlau. Vor allem rechnete sie Helene Weigel vor, wie viel Geld sie für Brechts Zigarren und Grapefruitjuice ausgebe. Sie solle aber Brecht nicht in diese Auseinandersetzung hineinziehen, da er Ruhe und Erholung brauche, zudem sei er unterernährt. Nun werde sie für ihn kochen.

verlangte das Beschwerdebuch In der ehemaligen DDR gab es solche „Bücher" in jedem Restaurant, jedem Laden, jedem Kaufhaus, um die Menschen in die Lage zu versetzen, durch ihre Kritik den Sozialismus positiv zu verändern. Brecht forderte den Kellner energisch auf, das Beschwerdebuch zu bringen. Es gab große Diskussionen, denn durch eine Eintragung ging die Prämie verloren, die es monatlich für gute Leistungen gab. Brecht schrieb in das Buch: „Fleisch zäh, Spargel ohne Köpfe. Bertolt Brecht." Es dauerte keine drei Minuten, bis der Geschäftsführer des Restaurants erschien und sich höflich entschuldigte. Dann erschien der Kellner mit dreißig Spargelköpfen und einem sehr zarten Filet. Nach einem Blick auf den Teller erbat Brecht erneut das Beschwerdebuch. Der Kellner war irritiert. Brecht schrieb nun in das Beschwerdebuch, er habe jetzt dreißig Spargelköpfe bekommen und ein viel zu großes Stück Fleisch. Das bedeute, dass die nächsten dreißig Gäste wieder keine Spargelköpfe bekommen. „In dieser Radikalität hat Brecht das praktiziert. Jeder sollte etwas vom Guten des Spargels bekommen, nicht nur er als Privilegierter", so sah dies Käthe Reichel. Brecht war in ihren Augen ein sehr bescheidener Mann. Auf ihre Frage, was sie ihm zu Weihnachten schenken könnte, antwortete er nach einigem Zögern: „Ja, wenn ich noch einmal so einen Sauerbraten haben könnte wie du ihn mir im letztes Jahr gemacht hast." Dieses Gericht hatte die Schauspielerin ihm nach einem Rezept aus dem Erzgebirge zubereitet.

Ein Stück Alltag der Theaterprinzipalin schilderte der Journalist Hans Breinlinger 1966. Im

Links: Nach der „Coriolan"-Aufführung am 11. Mai wurde in den 65. Geburtstag hineingefeiert.
Oben: Plakat zu „Die Mutter" in einer Aufführung am Berliner Ensemble 1951 mit Erwin Geschonnek und Ernst Busch.

Direktionszimmer wartete schon Kaffee auf ihn. „Das ist mein Abendessen", sagte die Weigel, „hoffentlich verträgt Ihr Magen zu dieser Stunde Kaffee. Es ist ein guter. Ich lasse ihn mir aus Wien schicken." Sie warnte den Journalisten, nicht Dinge zu fragen, die in jedem Lexikon stehen. Er wolle mehr über Brecht erfahren, meinte Breinlinger, der zum Anlass des 10. Todestages einen Artikel schreiben wollte. „Da hätten Sie zehn Jahre früher kommen müssen", bekam er von Helene Weigel zur Antwort. „Sie sind kein Bayer?", fragte sie dann, setzte aber gleich hinzu: „Mehr aus Richtung Schwaben?" Tröstlich ihr Satz: „Bayern oder Schwaben, egal. Das sind sympathische Leute."

Links: 12. Mai 1960: Zu Helene Weigels Geburtstag überreichen die Kollegen des Ensembles der Jubilarin den Doktorhut von Mackie Messer.
Rechts: Am 3. April 1971 verbeugte sich Helene Weigel zum letzten Mal auf der Bühne in Nanterre vor ihrem Publikum. Rosen regneten auf sie herab.

Aber wer sollte ihm jetzt von Brecht erzählen? Breilingers Antwort: „Wer sonst, wenn nicht Sie, gnädige Frau." Die „gnädige Frau" war ihm so herausgerutscht, sie passte weder zur Mutter Courage noch in den Osten Deutschlands. Die Weigel spürte die Verlegenheit des Journalisten und meinte: „Das klingt ganz gut. Man hört es nicht mehr oft. Auch nicht bei Ihnen drüben." Helene Weigel hatte dann ein halbe Stunde Zeit. Bei der Aufzählung ihrer Tätigkeiten noch vor der abendlichen Vorstellung endete damit, dass sie „für die Mädchen draußen was kochen" müsse. Nach dem Gespräch gab sie noch einen Gruß an München mit, erinnerte sich aber dann, dass der Interviewer aus Schwaben kam. Anschließend ging sie zu ihren Vorzimmerdamen: „Mädchen, gleich gibt's was zu essen!"

Bei einem Gastspiel des Berliner Ensembles in Jugoslawien im Jahr 1970 spielte Helene Weigel die kleine Rolle der Volumnia im „Coriolan" und trat als Rezitatorin bei einem Brecht-Abend auf. An einem Abend war in Belgrad eine „Begegnung mit Helene Weigel" angesetzt, die sich als ein elegantes Galadiner entpuppte. Die Stimmung war sehr feierlich, und der Präsident führte das Gespräch mit „Frau Professor Weigel". Nach dem Austausch vieler Höflichkeiten stellte der Präsident die erste Frage: „Gnädige Frau, Sie haben, wie wir sahen, ein Leben lang an der Seite Ihres Gatten gestanden, Freud und Leid mit ihm geteilt, die Länder häufiger als die Schuhe wechselnd, und hier schließe ich meine Frage an: Sagen Sie uns bitte, hochverehrte Frau Helene Weigel, worin bestand Ihr Anteil an Brechts literarischer Arbeit?" Im Saal war es so still, dass man eine Stecknadel hätte fallen hören. Helenes Begleiter Werner Hecht und Joachim Tenschert überlegten schon, ob sie ihr zu Hilfe kommen sollten. Doch da richtete sich Helene Weigel hoch auf, räusperte sich und sagte mit klarer, energischer Stimme: „Ich habe gut gekocht!" Die Verblüffung war groß, und dann begann jemand laut zu lachen. Mit einem Mal brachen alle Gäste in fröhliches Lachen aus, und die Weigel lachte mit. Jeder wusste, dass Helene Weigel für das Werk Brechts sehr viel mehr Meriten hatte als ihre Kochkunst.

Als Bert Brecht starb, hinterließ er seiner Frau das Vermächtnis: „Mach das weiter, so lange es das Berliner Ensemble ist. Du kannst das, Weigel." Ihren Brecht hat sie immer zäh verteidigt, aus dem Berliner Ensemble, wie viele sagten, ein Bayreuth gemacht, aber ihn auch geschützt gegen

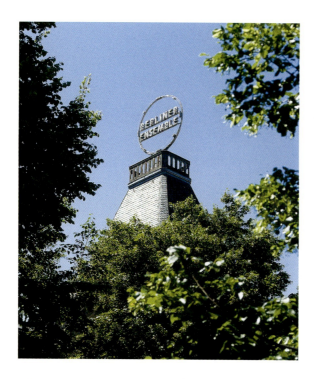

Oben: Signet des Berliner Ensembles.
Rechts: Helene Weigel und Mitarbeiter auf dem Wagen des Berliner Ensembles zum 1. Mai 1950.

die DDR-Funktionäre, sein Werk, sein Theater. Boleslaw Barlog nannte sie „die Cosima von Pankow", als sie die Aufführungsrechte von Brecht-Stücken für Inszenierungen des Schiller-Theaters verweigerte.

Zum letzten Mal als Schauspielerin trat Helene Weigel 1970 in der Rolle der Pelagea Wlassowa in „Die Mutter" im Théâtre des Armandiers in Nanterre bei Paris auf – der größte Triumph der Schauspielerin Helene Weigel. Mit ihr auf der Bühne stand ihre Tochter Barbara Berg (Künstlername) als Dienstmädchen. Nach der letzten Vorstellung am 3. April übergab Helene Weigel französischen Mitarbeitern des Theaters ein Picasso-Tuch mit der Friedenstaube, unterschrieben von allen Mitgliedern des Berliner Ensembles. Nach zwanzigminütigem Applaus verneigte sich die Schauspielerin nochmals allein auf der Bühne. In diesem Moment öffneten die Bühnentechniker über ihr ein Netz, und es regnete Hunderte von roten Rosenblüten und -blättern auf Helene Weigel. Dieser wunderbare Abschied wurde in einem Foto festgehalten.

Den 1. Mai 1971 konnte Helene Weigel im Krankenhaus in Berlin nur in Fieberfantasien erleben. Ihrer Mitarbeiterin Elfriede Bork schrieb sie: „Mir geht es mistig." Dennoch traf man sich bei ihr in der Chausseestraße. Sie hatte schon wieder vorgesorgt. Es gab jede Menge selbst gebackenen Kuchen, Kaffee, Schnaps, aber auch Eisbein und Sauerkraut. Auf der Maifeier des Berliner Ensembles wurde ihr in Abwesenheit eine Auszeichnung verliehen, eine Auszeichnung, die ohne Einflussnahme einer amtlichen Institution direkt von den Mitarbeitern des Berliner Ensembles vergeben worden war. Helene Weigel freute sich sehr darüber. In der Begründung heißt es: „In einer Zeit, die für uns nicht leicht war, haben Sie jede Gelegenheit genutzt, um uns klarzumachen, dass die Theaterarbeit am Berliner Ensemble nicht gefährdet ist, wenn wir mit Ihnen zusammen kontinuierlich im Sinne Brechts weitermachen." Schon fünf Tage später schloss eine große Frau die Augen für immer. Am 12. Mai, das wäre ihr 71. Geburtstag gewesen, wurde sie zu Grabe getragen.

Zu Helene Weigels 70. Geburtstag, zu der ihr die deutsche Friedensmedaille in Gold verliehen wurde, schrieb der Kritiker Friedrich Luft einen besonders bezeichnenden Satz: „Brecht hatte sie zur Prinzipalin seines Berliner Ensembles gemacht. Sie war nicht nur seine Frau, immer eine pfiffige und vorbildliche Hausfrau, nicht nur die beste Brecht-Spielerin: Sie ist seit mehr als 20 Jahren die Leiterin der erfolgreichsten Bühne deutscher Sprache. Ihr Organisationstalent steht ihrem künstlerischen nicht nach."

Helene Weigel und die beiden Bayern:

Therese Giehse und Bertolt Brecht

Therese Giehse und Helene Weigel – zwei große Frauen und zwei große Schauspielerinnen, die größten Brecht-Interpretinnen des deutschsprachigen Theaters. Therese Giehse, am 6. März 1898 in München geboren, hatte wie Helene Weigel schon sehr früh den Wunsch, zum Theater zu gehen: ein Wunsch, den niemand ernst nahm. Beide setzten sich auf ungewöhnliche Weise durch, beide waren Jüdinnen und litten in jungen Jahren sehr darunter. Therese Giehse fasste dieses kurz und prägnant zusammen: „Ich war dick und rothaarig und hatt' den Herrn Jesus umgebracht" – folglich, dachte die junge Therese Giehse, könne aus ihr nie etwas Gescheites werden. Doch schon 1926 war die Begabte Mitglied der Münchener Kammerspiele.

In diese Kammerspielzeit vor Beginn des Dritten Reiches fiel die erste Begegnung mit Bert Brecht, die „allerdings verwaschen blieb". Im Juli 1929 inszenierte Hans Schweikart eine der erfolgreichsten Dreigroschenoper-Aufführungen. Die Giehse spielte die Celia Peachum. Brecht war bei den Endproben nur kurz anwesend, denn vom 23. Juli bis Ende des Monats hielt er sich dann zu den „Lindbergh-Proben" in Baden-Baden auf. Carola Neher, wenige Jahre zuvor mit der Giehse zusammen in Breslau engagiert, muss eine herrliche Polly gewesen sein. Mit Erika und Klaus Mann war Therese Giehse ein Gründungsmitglied des am 1. Januar 1933 – einen Monat vor der „Machtergreifung" – eröffneten stark politisch gefärbten Kabaretts „Pfeffermühle". Man spielte Abend für Abend im ausverkauften „Bonbonnière" am „Platzl", Wand an Wand mit dem „berüchtigten" Hofbräuhaus. Während der „Führer" dort vor Parteigenossen seine Antrittsrede als Reichskanzler hielt, saß der Reichsinnenminister Frick in der Vorstellung der „Pfeffermühle" und machte sich ständig Notizen. Das verhieß nichts Gutes. Es zeigte sich schon nach einigen Monaten, dass Innen- und Propagandaministerium, Gestapo, Reichsschrifttumskammer und Auswärtiges Amt Erika Manns Ausbürgerung betrieben.

Klaus Mann hatte 1932 in der Carlton-Teestube in München zufällig in der Nähe von Hitler gesessen, der in „infantiler, halb raubtierhafter Gefräßigkeit" Erdbeertörtchen verschlang und eine Tasse Schokolade trank. Die lautstarke Unterhaltung war am Nebentisch gut mitzuhören. Hitler und seine Kumpane diskutierten die

„Die Weißwurs

Besetzung eines musikalischen Schwankes, der am selben Abend in den Münchener Kammerspielen Premiere hatte und in dem Therese Giehse die tragende Rolle spielte. Der „Führer" erklärte, dass er sich auf die Vorstellung sehr freue. Erstens, weil Operetten überhaupt etwas Nettes seien, zweitens der Giehse wegen, die er einfach „prima" fand. „Eine völkische Künstlerin, wie man sie nur in Deutschland findet", stellte er herausfordernd fest. Doch da musste er sich sagen lassen, dass die Dame nicht „rein arisch" sei. Verärgert erhob Hitler seine Stimme: „Bösartiger Klatsch! Als ob ich nicht den Unterschied sähe zwischen einem germanischen Naturtalent und semitischer Mache!"

gerschaft wie die englische zu bekommen; beispielsweise heiratete Erika Mann den Dichter Wystan Hugh Auden.

Die erste künstlerische Bekanntschaft der Giehse mit Brecht war, wie schon erwähnt, kein blitzartiges Zusammentreffen, sondern 1929 ein erstes Kennenlernen.

Mit Kriegsbeginn hatte Therese Giehse stets einen gepackten Rucksack hinter der Bühne stehen. Neben einigen Kleidungsstücken und einem Pyjama enthielt er „Corned beef, Schokolade, Bonbons, Zwieback, Tee, Cafe, Dörrobst", wie in ihrem unveröffentlichten Tagebuch (Besitz Renate Schmidt) vermerkt ist. Sie war somit durchaus vorbereitet, Hals über Kopf München zu verlassen.

Helene Weigels Porzellan mit dem berühmten Zwiebelmuster stammt aus der Meißner Manufaktur. Damit bewirtete sie auch die „Goldtheres" Giehse in Berlin.

„ist der höchste Genuß"

Klaus Mann bedauerte, dass Therese Giehse nicht hören konnte, was Hitler, der „dumme Schicklgruber", über sie sagte.

Doch Therese Giehse wusste längst von der existentiellen Bedrohung ihres Lebens. Über die „Schutzheirat" am 20. Mai 1936 im Standesamt von Solihull/County of Warwick mit dem englischen Schriftsteller John Frederick Norman Hampson-Simpson schrieb die frischgebackene Ehefrau lakonisch: „Sein kostbarstes Hochzeitsgeschenk war dieser englische Pass. Ohne ist man vogelfrei; ein Pass ist der erheblichste Teil eines Menschen." Viele Künstler schlossen damals Zweckehen, um eine „ungefährliche" Staatsbür-

Bis 1941 hörte Therese Giehse nichts mehr von Brecht. Dann schickte der emigrierte Dichter der emigrierten Schauspielerin sein Werk „Mutter Courage und ihre Kinder" aus Helsinki nach Zürich. Am 19. April fand die Uraufführung im dortigen Schauspielhaus mit Therese Giehse in der Titelrolle statt. Der enthusiastische Beifall galt auch dem Autor.

1947 kamen Helene Weigel und Brecht aus dem amerikanischen Exil zurück und trafen mit Therese Giehse in Zürich zusammen. Im Dezember besuchten Bertolt Brecht, Helene Weigel und Fritz Kortner die Premiere der deutschsprachigen Erstaufführung von Maxim Gorkis „Wassa

Schelesnowa" mit Therese Giehse am Züricher Schauspielhaus. Sie dankten der Giehse für ihre meisterliche Leistung. Die Frage, ob die Weigel die Rolle der Schelesnowa hätte spielen können, stand damals nicht zur Debatte. Helene Weigel kam am 19. November 1947 in Zürich an. Ruth Berlau, die am 22. Januar 1948 ebenfalls nach Zürich gekommen war, schrieb später von der angeblichen Enttäuschung der Helene Weigel mit Blick auf eine Besetzung als Branntweinemma: „Ich habe die Weigel sehr bewundert, wie sie diese Enttäuschung verwunden hat. Leicht kann es nicht gewesen sein, denn nun musste sie weiter die Rolle der Hausfrau spielen, die ihr die Emigration aufgezwungen hatte. Aber sie war guter Dinge und nicht ungeduldig. Sie empfing Gäste und bewirtete sie mit Charme. In dem schmalen Esszimmer, das sie eingerichtet hatte, brachte sie zu den Mahlzeiten mindestens zehn Leute unter.

Die politisch fortschrittlichen Schweizer, die Brecht besuchten, besaßen meistens keinen Rappen, und bei der Weigel sollten sie jedenfalls etwas zu essen haben."

Gemeinsam traten Helene Weigel und Therese Giehse bei dem Brecht-Abend 1948 in der „Katakombe" der Volkshausbuchhandlung in Zürich auf. Bert Brecht war im Februar 50 Jahre alt geworden, und er las in Zürich sein Gedicht „An die Nachgeborenen". Max Frisch, der ihn begrüßte, freute sich, dass diese drei „ruhmreichen" Gäste anwesend waren. Brecht bedankte sich herzlich bei Therese Giehse: „a) als Autor und b) als Zuhörer für Ihre meisterhafte Vorlesung" und au-

Zur Uraufführung von „Herr Puntila und sein Knecht Matti" schrieb Brecht das Pflaumenlied für die Giehse und schenkte ihr die gerahmte Handschrift, Zürich, 1948.

188 KOMM UND SETZ DICH, LIEBER GAST

ßerdem für eine inzwischen eingetroffene Tasche, er sei ein „Ledernarr". „Außerdem sind für die Ausübung meines Handwerks ja Wohnungen mit mehr als einem Ausgang und Taschen für eilige Reisen unentbehrlich." So dankte er auch noch „c) als Weltreisender".

Max Frisch hat die Brechts in Herrliberg besucht. Die Wohnung befand sich in einem alten Gärtnerhaus im Dachgeschoss. Die Wohnung sah so aus, als sei alles bereit, dass man in achtundvierzig Stunden abreisen könnte. „Wir essen in der Küche, wo seine Frau ihre unbekanntere Könnerschaft zeigt", schrieb Max Frisch.

Mitte Mai 1948 erweiterte Brecht die Rolle der Branntweinemma (auch Schmuggleremma) und schrieb für die Giehse „Lieder der Branntweinemma", später „Das Pflaumenlied" genannt. Die Uraufführung des Volksstücks „Herr Puntila und sein Knecht Matti" erfolgte am 5. Juni 1948 (zu den Juni-Festwochen) am Züricher Schauspielhaus. Brecht und der Vizedirektor und Dramaturg Kurt Hirschfeld führten Regie. Eigentlich hatte die Schweizer Fremdenpolizei die von der Theaterleitung beantragte Arbeitserlaubnis am Schauspielhaus für den Autor-Regisseur Brecht in Zürich verweigert. Eine Brecht-Uraufführung hätte in jedem Fall internationale Beachtung gefunden, und Brecht galt als ein vom amerikanischen Geheimdienst eingestufter „feindlicher Ausländer" und „Kommunist". Ein allfälliges Risiko gegenüber der neuen Großmacht USA musste tunlichst vermieden werden. Daher deckte Hirschfeld die Inszenierung von Brecht offiziell mit seinem Namen.

In dieser Aufführung brillierte Therese Giehse als Schmuggleremma, Gustav Knuth spielte den Matti. Brecht bedankte sich noch während der Probenarbeit: Er schenkte Therese Giehse das „Pflaumenlied" in der Originalhandschrift, eingeklebt in ein kleines, selbst gebasteltes Etui: „Brecht war ein großer Fummler, er liebte solche selbst gemachten Überraschungen, die er einem sehr nebenbei dann zusteckte." Helene Weigel hatte die Giehse vorgewarnt: „Ein Verehrer macht dir heute ein Präsente, da musst du lernen."

Das Pflaumenlied

```
Als die Pflaumen reif geworden
Zeigt im Dorf sich ein Gespann.
Früh am Tage, aus dem Norden
kam ein schöner junger Mann.

Als wir warn beim Pflaumenpflücken
Legte er sich in das Gras
Blond sein Bart, und auf dem Rücken
Sah er zu, sah dies und das.

Als wir eingekocht die Pflaumen
Macht er gnädig manchen Spaß
Und er steckte seinen Daumen
Lächelnd in so manches Faß.

Als das Pflaumenmus wir aßen
War er lang auf und davon
Aber, glaubt uns, nie vergaßen
Wir den schönen jungen Mann.
```

In Brechts Werk fallen spezielle Gedichte und Songs von Pflaumenbäumen und Pflanzen auf, in denen Symbolkraft und parabolischer Charakter vermutet werden darf. In „Der gute Mensch von Sezuan" singt zum Beispiel die Shen Te: „Eine Pflaume ohne Grund/ Überfiel 'nen Vagabund. / Doch der Mann war äußerst quick / Biß die Pflaume ins Genick." Die Pflaume symbolisiert hier das geschlechtlich Gesunde, das natürliche Weibliche, die körperliche Liebe schlechthin.

Therese Giehse freute sich, als Brecht ihr anbot, in Berlin Gastspielrollen zu übernehmen. Im Juni 1949 schickte ihr Helene Weigel einen Vertrag. Darin bestätigte sie, dass das Berliner Ensemble sich verpflichte, die Wohngelegenheit zu stellen, und außerdem die Reisekosten übernehme. Zur Abdeckung der Schweizer Haushaltskosten erhielt die Giehse monatlich 150 Dollar. Es galt dann noch, die Reisemöglichkeiten zu klären. Helene Weigel schlug vor, die Giehse solle ihr Visum verlängern lassen, nach Frankfurt/Main fahren, dann in Wiesbaden vom „Combined Travel Board" in ihren Pass eintragen lassen, dass sie als Tourist nach Westberlin fliegen dürfe. Den Flug müsse sie allerdings in Valuta bezahlen, die aber erstattet würden. Helene Weigel bemühte sich aber auch um ein Zonenvisum für Berlin, das an die Grenze bei Hof gebracht werden könnte, und schlug außerdem vor, dorthin Ostgeld bringen zu lassen, um so die Reisekosten zu verringern.

Therese Giehse schrieb umgehend eine Antwort an die „liebste Frau Direktor". Beide freuten sich sehr auf ein Wiedersehen, bei dem viel Kaffee getrunken werden würde. Den Kaffee sollte allerdings die Giehse, möglichst in großer Menge, nach Berlin mitbringen. Therese Giehse hat für die Helli einen ganz besonderen Kaffee gekocht und das entsprechende Rezept in einem ihrer Kalender (unveröffentlicht im Besitz von Renate Schmidt) aufgeschrieben:

```
1/2 Mokkatasse Kaffee - arabischer Kaffee
1 Vorlegelöffel Zucker
1/8 Butter
Kännchen vorwärmen - nicht feucht
Muskatblüte
etwas Schokolade
```

Therese Giehse machte Helene Weigel einiges Kopfzerbrechen, da sie ihr Visum nicht rechtzeitig erhielt und Briefe manchmal sehr spät beantwortete. Da half es auch nicht, dass sie sich für Helene lustige Anreden ausdachte wie „hochgeschätzte Intendantin und abgefeimte Lumpensammlerin" mit „samtiger Zigarettenstimme". Am 1. August 1949 gab die Weigel ihrer „Goldtheres" ausführliche Reisetipps: „Bitte, Theres, nimm auf alle Fälle eine Decke und ein Kopfkissen, Bettwäsche und Handtücher und einige Scheine von der Sanitär-Suisse mit Dir. Wichtigst: Kaffee, Tee, Milch, etwas Fett, Kakao, Vitamin C. Außer Vitamin C kannst Du alles über die Sanitär Suisse bekommen."

Der große Tag war dann der 23. Dezember 1949: Die Premiere von Maxim Gorkis „Wassa Schelesnowa" des Berliner Ensembles im Deutschen Theater. Die großartige Regie führte der

Regisseur Berthold Viertel. Die Kritiker lobten überschwänglich, aber zu Recht Therese Giehse und ihre „so überzeugende, in jeder Phase echte, atemverschlagende Meisterleistung". Das war für die Giehse die erste Gastspielrolle von vieren beim Berliner Ensemble.

Im März 1950 erhielten die Brechts von Therese Giehse ein Paket mit einer Unmenge Schokolade. Der Anlass war Giehses eigener Geburtstag, und so freute sich Helene, dass Therese geboren worden war. Mit dieser Schokolade fanden regelrechte Tauschaktionen innerhalb der Familie statt: Noisette gegen Cremor usw. Brecht nahm die ihm zustehende Schokolade, zog sich in sein Zimmer zurück und ward lange nicht mehr gesehen. Therese Giehse hatte noch ein weiteres Paket an die „Brechtschen" geschickt, mit Kaffee. Dafür waren alle dankbar, denn der Kaffee war wieder einmal äußerst knapp im Hause Brecht. Im Juli gab es dann ein Wiedersehen, und die Trennung fiel anschließend allen schwer, nicht nur, weil Helene Weigel niemand mehr zum Kaffeetrinken hatte oder ein ruhiges, vertrauliches Wort wechseln konnte. Die Giehse vermisste die Helene und ihre Schwammerln.

Als Therese Giese im August 1950 auf ärztliches Anraten eine Kur absolvieren musste, beklagte sie sich über „Rohkost und Spießer". Die Schauspielerin kämpfte zeitlebens mit ihrem Gewicht. Es sind immer wieder Fastentage oder Milchtage in ihren Kalendern vermerkt. Nach ihrer Kur hoffte sie auf ein Wiedersehen mit Brecht in München. Schließlich verband sie mit ihm Gedanken an „die Wiesenmaß, die Brathendln und die Schweinswürscht. Literarisch und menschlich ist eh alles in Ordnung."

Helene Weigel galt als „eine pfiffige und vorbildliche Hausfrau": beim Tee einschenken in einer Zeichnung von Arno Mohr (links).
Oben: Weigels Teeservice in der Chausseestraße in Berlin.

In einem weiteren Brief fragte die Giehse wie so oft nach dem Gesundheitszustand Brechts, dem „recht talentierten Menschen". Sie hoffe, er erinnere sich noch an sie, aber auch an das Oktoberfest samt „Weißwürscht, Knödl und Bier". Hierzu passt gut eine Geschichte von Herrn B.: „Metaphysik" Seine Liebe zu der süddeutschen Spezialität bekannte Herr B. bei vielen Gelegenheiten. Er erklärte kategorisch: „Die Weißwurst ist der höchste Genuss." Nach dem Grund gefragt, antwortete Herr B. verklärt: „Wann man anfängt, sie zu verstehen, ist sie schon weg." Und als einmal ein Mitarbeiter von Herrn B. in der Stadt M. gewesen war, hatte er Weißwürste probiert, die ihm aber nicht schmeckten. „Warum denn nicht?", wollte Herr B. wissen. „Weißwürste schmecken nach nichts", anwortete der Mitarbeiter. Herr B. erwiderte genussvoll: „Ja, eben!"

Eine denkwürdige Aufführung war die Premiere der Modellinszenierung „Mutter Courage und ihre Kinder" am 8. Oktober 1950 in den Kammerspielen in München mit hochkarätiger Besetzung: Therese Giehse (Mutter Courage), Erni Wilhelmi (Kattrin), Hans Christian Blech (Eilif),

Therese Giehse als unvergessliche Mutter Courage am 8. Oktober 1950 in München.

Karl Lieffen (Schweizerkas), Friedrich Domin (Koch), Peter Lühr (Feldprediger). Heinrich Ruppel von der Süddeutschen Zeitung kommentierte diese Aufführung: „Die Kammerspiele haben einen Höhepunkt ihrer künstlerischen Arbeit nach dem Kriege erreicht. Es gibt noch Theaterereignisse." In derselben Zeitung stand über die Giehse: „Sie erregt widersprechende Gefühle beim Zuschauer. Brecht hat die kürzeste Formel für die Giehse gefunden – das Brechtische und das Bayerische, die Lust an der Bosheit und die Liebe zur Vernunft: Das ist die Giehse-Dialektik."

Dem großen Ereignis ging viel Unruhe voraus. Brecht wurde in München empfangen wie ein fremder Eroberer, mit Misstrauen und Jubel. Die Bundesdeutschen hatte ihre Sensation. Der Spiegel widmete ihm eine Titelgeschichte, die rechten Blätter forderten, ihn und seine Courage-Aufführung „einfach zu verbieten", die liberalen Blätter baten ihre Leser um Toleranz für Bertolt Brecht und sein Theater. Das Premierenpublikum kam aus aller Welt. Brecht und seine Schauspieler feierten einen Triumph. Natürlich allen voran die Giehse. Einmalig ist die Szene, wo die Courage die stumme Katrin von der Flucht zurückhält, da fütterte Helene Weigel sie mit dem Löffel. Die Giehse setzte eine schöne Erfindung hinzu: Während sie, den Holzteller umkehrend, die letzten Tropfen der Suppe in den Löffel laufen ließ, zeigte sie durch Betonung und Heraushebung des Wortes „Wagen" – von ihr bayerisch „Woogen" ausgesprochen – die unbeholfene Höflichkeit vieler kleiner Leute, welche den Opfern, die sie bringen, eigensüchtige Motive unterschieben, um anderen die Demütigung zu ersparen, die Opfer annehmen zu müssen.

In einem Zeitungsinterview äußerte sich Brecht über die festliche Premiere der „Mutter Courage", bei der er Regie geführt hatte. Er sagte dem Reporter: „Es wäre mir daran gelegen, wenn Sie zum Ausdruck brächten, dass ich Therese Giehse für die größte europäische Schauspielerin halte." Aus Salzburg schrieb Therese Giehse ihrer „Lieblingsausbeuterin und Courtisane Mausi am Ostseestrand" Helene Weigel einen Brief mit einem Bericht über ihre letzten Arbeiten und schickte einige Fotos mit: „Zeig die Bilder nur dem Brecht, damit er sich meiner Reize erinnert und vielleicht einmal schnell nach Salzburg kommt." Helene Weigel antwortete, sie wolle Therese Giehse noch einen Urlaub in Venedig zubilligen, ehe sie wieder am BE „eintrudelt", um dann unter anderem die „olle geliebte Branntwein-Emma" zu spielen, so oft es ihr passt. Sie sandte ihr auch Grüße von ihrem „alten Verehrer Bert".

Therese hatte im Januar 1951 gehört, dass Brecht krank sei, und sie schrieb nun an Helene, er möge vorsichtig sein, vernünftig essen und trinken. Sie hatte wohl etwas von einer Erkrankung der Nieren (sie schreibt Nierndl) gehört. Tatsache war, dass Brecht im Krankenhaus lag und sehr „klapprig" aussah. Als er nach dem Krankenhausaufenthalt zum ersten Mal wieder auswärts aß, betrachtete er mit wirklichem „Abscheu die Nierndl", die ihm da serviert wurden.

Das Weihnachtsfest 1951 feierte die Giehse mit den Brechts und schwärmte von Hellis Weihnachtsplätzchen. Den Brecht hatte sich die Giehse „vom Leib gehalten", obwohl es von ihm folgendes Telegramm an seine Frau gab: „Habe heute in der Generalprobe von ‚Tasso' mit Therese geschlafen." Dazu erzählte Therese Giehse die Geschichte, dass Brecht bei ihn langweilenden Pro-

ben seine flache Mütze, die Brecht-Mütze, über die Augen zog und darunter schlief. Die Giehse wollte auch manchmal einnicken, was ihr nur selten gelang. Brecht nannte das dann eben, er habe „mit Therese geschlafen". Doch Therese liebte Frauen und – wie Brecht – dicke Zigarren.

Helene Weigel schlug Therese Giehse vor, beim „Zerbrochenen Krug" von Kleist nicht nur die Marthe Rull zu spielen, sondern das Stück selbst zu inszenieren. „Schmeckt Dir das oder nicht?" Das Vorhaben gefiel der Schauspielerin, zumal sie mit Casper Neher zusammenarbeiten sollte. Sie bat allerdings Brecht, die Endproben selbst in die Hand zu nehmen. Angeblich gab es bei den Proben Auseinandersetzungen mit der Giehse. Der sonst so sanfte „lebende Dichter" soll die Giehse angeschrien haben und mit Brachialgewalt über den toten Dichter hergefallen sein. Schließlich fand am 17. Januar 1952 die erste geschlossene Vorstellung statt. Danach gab Brecht im Deutschen Theater ein Abendessen für Therese Giehse, Ernst Busch und dessen Frau, Karl Kleinschmidt sowie Helene Weigel. Die Premiere war am 23. Januar. Therese Giehse bot kein klassisches Lustspiel, sondern in Szene und Darstellung dominierte die Turbulenz einer volkstümlichen Episode. Der Erfolg gab der Giehse Recht. „Der zerbrochene Krug" wurde bis 6.11.1955 insgesamt 174-mal gespielt. Eine vernünftige Handlung konnte die Giehse bezaubern, eine gescheite Antwort konnte sie in Entzücken bringen. Noch mehr als gutes Essen war genaues Denken für sie ein sinnlicher Genuss. Das heißt viel, denn sie aß gern und wusste von allen Künsten die Kochkunst besonders hoch zu schätzen. Schlechtes Essen machte sie krank, schlechtes Theater nur ärgerlich.

Immer wieder sandte sie kleine Überraschungspäckchen mit Schokolade nach Berlin. „Du hast Dich ja sehr nahrhaft bei uns bemerkbar gemacht. Wir freuen uns, lieben Dich, sehnen uns nach Dir, möchten Dich bei uns anbinden", ließ Helene Weigel sie wissen.

Wie sehr Brecht die Giehse schätzte, ist daraus zu ersehen, dass er sie fragte, ob sie die Generalintendanz für die Theater in Leipzig oder in Dresden übernehmen wolle. Er fände das großartig. Therese Giehse antwortete ihm am 28. September 1954: „Aber – du liebe Zeit – i c h als Intendantin – was Ungeeigneteres gibt's wohl nicht mehr." Therese Giehse wollte in München bleiben. Und München bedeutete auch die gemeinsamen Ausflüge mit Brecht auf das alljährlich stattfindende größte Bierfest der Welt, das Okto-

chen begeben sollte. Mit ihrem Brief vom 9. August 1956 zog sie ihre Freundin Therese Giehse ins Vertrauen: „Liebste liebe Theres! Dies ist eine Geheimbitte von mir. Ich hoffe, dass ich ab 20. dieses Monats den Bert nach München verfrachten kann zu Schmidt. Du weißt, Leopoldstraße. Brechts Zustand schaut so aus: Die Herzklappeninfektion ist behoben, aber er ist in einem Erschöpfungszustand, der mir unbegreiflich ist und der ihn beunruhigt, weil er ihn arbeitsunfähig macht. Außerdem hat er irgend, wie Du weißt, mit Medizin zu tun gehabt und beobachtet sich selbst scharf. Er hat zwar völliges Vertrauen zu hiesigen Ärzten, aber ich hätte doch gern eine

„..., Heimattage' mit echt ba[yerischem Essen machen –] wir haben...auf preußischen [Scheußlichkeiten bestanden."]

berfest. Dafür konnte sich Helene überhaupt nicht begeistern, wenngleich sie in Thereses Tagebuch doch mit Oktoberfestbesuchen vermerkt ist, 29.9. und 30.9.1950, „auf die Wies'n mit Helli, Teo Otto, Lindemann" (unveröffentlicht, R. Schmidt). Wenn die beiden „Bayern" auf den ihnen gemäßen Wegen auf die „Wiesn hinausgingen", dann hatte die Helli mit „Verachtung" auf sie geschaut. Und diese Unternehmungen blieben nicht ohne Folgen in Berlin. „Um uns Bayern etwas zu bieten, wollte sie immer ‚Heimattage' mit echt bayerischem Essen machen – wir haben dann sehr eigensinnig auf preußischen Scheußlichkeiten bestanden."

Brechts Gesundheitszustand machte seiner Frau etwa ab November 1955 Sorge. Helene Weigel befand, dass Brecht sich in Behandlung nach Mün-

zweite Meinung. Hier in Berlin werde ich das nie erreichen. Außerdem weiß ich außer den Ärzten, die er hat, keinen erstklassigen Mann. Was ich Dich also bitten will, ist folgendes: Frag Dich herum, wo in München oder auch anderswo ein großer Fachmann 1. Herz, 2. Kreislauf (schließlich ist er 58) sitzt, und rede ihm zu, außer dem Schmidt noch jemanden zu konsultieren. Mich machts jetzt sehr nervös, dass ich Wochen in London sitzen werde, ohne zu wissen, wie es ihm geht. Schreiben tut das Luder nicht. Vielleicht könntest Du mir helfen und mir ab und zu ein Telegramm nach London Shaftesbury Hotel, Monmouth Street, schicken. Das war die Bitte an Dich. Ich hoffe, Du wirst mich nicht verraten, weil er vermutlich eher auf Deinen Rat dabei hört als auf mein Gerede, das er so viele Jahre um die Ohren hat. Goldtheres, warum hast Du mir auf meinen

Brief wegen der „Alten Dame" nicht kurz geantwortet, ob Du eine Möglichkeit siehst und wann die wäre. Schöne Grüße, Deine Helli" Diesem Brief folgte dann schon am 15. August das Telegramm: "Liebe Theres Bert ist heute Nacht an einem Herzinfarkt gestorben. Deine Helli"

Thereses Ehemann war ein Jahr vor Brecht verstorben. Drei Jahre später wurde die Giehse mit Verdacht auf Herzinfarkt in eine Klinik in Zürich eingeliefert. Helli sorgte sich sehr, doch Therese ließ sie wissen, dass sie der Welt noch erhalten bliebe. Sie habe schon keine Herzschmerzen mehr, und „meine jüdische Diabetes ist unwesentlich."

Schon ein Jahr vor diesem 70. Geburtstag hatte Therese Giehse geschrieben:

„Daß ich die Helli für eine Außergewöhnliche halte, die einem Genie alles bereitete für seine Arbeit – in schwersten Zeiten. Daß ich ihre Kraft bestaune – ihren Charme – ihren Ernst ohne Sentimentalität – ihre scharfe Drolligkeit.
Und schön aussehn tut sie auch."

Therese Giehse und Bert Brecht kamen beide 1898 zur Welt. Therese am 6. März in München als Therese Gift. Sie starb am 3. März 1975 und hat

erischem Essen... – Scheußlichkeiten bestanden."

In einer Festschrift zum 70. Geburtstag von Helene Weigel im Jahr 1970 schrieben ihr zu Ehren zahlreiche namhafte Theaterleute des In- und Auslands. Im Unterschied zu den anderen Gratulanten wandte sich die Giehse als Einzige nicht an ihre Freundin Weigel, sondern an die beiden Herausgeber des Buches, die sie um ihren Beitrag gebeten hatten:

„Lieber Herr Tenschert und Herr Hecht,
Sie haben eine schwere Sache auf sich genommen – Sie sollen mich zum Schreiben bringen. Ich kann's doch nicht und genier' mich mit wohlgefügten Worten zur Feier. Der Siebziger ist nicht anders als die andern Nummern, und sie soll noch viele dazulegen. Ihre Kraft wird nicht nachlassen, und wenn sie so klein ist wie eine Zündholzschachtel. Ich hab' sie gern und wünsch' nix Schlechtes. Therese Giehse".

somit sowohl ihren Freund Bert als auch Helene Weigel überlebt, ihre Mausi, Kaffeefreundin, die alte Chineserin, Oberdandlerin, abgefeimte Lumpensammlerin, ihre liebenswerte Lieblingsdirectrice, Herzensdirektorin und Goldhelli. Alljährlich im März lässt die Schauspielerin Renate Schmidt mit ihrem Stück „Therese Giehse-H. – German Actress" diese einmalige Frau wieder auferstehen. Renate Schmidt spielt die Rolle der Giehse und ist auch ihre Nachlassverwalterin. Sie besitzt dreiundvierzig Tagebücher, den englischen Pass, Briefe, Kritiken und Zeichnungen von Friedrich Dürrenmatt an „Thesi". Mit Dürrenmatt traf Helene Weigel ebenfalls zusammen. Therese Giehse hat alle gemeinsamen Restaurantbesuche mit Helene Weigel, Bertolt Brecht, Elisabeth Hauptmann und Hanne Hiob, sei es in München oder in Berlin, fein säuberlich aufgeschrieben.

„Kochen, Pilze suchen, Schwimmen, Pa[ddeln,]
Kriminalromane – ich hab doch alles[...]"

...ence legen, Kreuzworträtsel, in Hülle und Fülle!" (Helene Weigel)

Damals und heute
Das Brecht-Weigel-Haus in Buckow

In Buckow, eingebettet in die liebliche, hügelige Seenlandschaft der Märkischen Schweiz, besteht seit 1977 eine Gedenkstätte für Bertolt Brecht und Helene Weigel. Das Künstlerehepaar hatte den Ort seit 1952 als Sommersitz ausgewählt.

„Mit Helli in Buckow in der Märkischen Schweiz Landhäuser angesehn. Finden auf schönem Grundstück am Wasser des Schermützelsees unter alten großen Bäumen ein altes, nicht unedel gebautes Häuschen mit einem andern, geräumigeren, aber ebenfalls einfachen Haus daneben, etwa 50 Schritte entfernt. Etwas der Art wäre erschwinglich, auch im Unterhalt. In das größere Haus könnte man Leute einladen." – So lautet Brechts Eintragung im „Journal" vom 14. Februar 1952. Bereits im März wurde mit der Stadt Buckow der Pachtvertrag abgeschlossen. Außerdem kaufte bzw. pachtete Brecht zwei Grundstücke (unter der Bedingung der Wertverbesserung) zur Nutzung bzw. Verpachtung: ein Grundstück an der Buckowsee-Promenade und das Grundstück Hauptstraße 42 (den „Turm") am Bahnhof. Die schwer alkoholabhängige Ruth Berlau bat Brecht, den Turm in seinem und ihrem Namen zu kaufen. Sie wolle dann, wenn sie beide 90 Jahre alt wären, ihm dort über „Kin-ye" und seine „Lieblingsschülerin Lai-tu" vorlesen. Brecht stellte Ruth Berlau den Turm zu Verfügung.

Vorherige Doppelseite: Blick auf den Schermützelsee und zu Bootshäusern in Buckow.
Links: Das Brecht-Weigel-Haus: die Eiserne Villa.

Die Schauspielerin Käthe Levi-Reichel schenkte Brecht ein Grundstück an der Buckowsee-Promenade, bebaut „mit einem stark reparaturbedürftigen Gartenhaus", einem Haus nur etwa 200 Meter von der „Eisernen Villa" entfernt. Dort wohnt Käthe Reichel heute noch.

Das Hauptgebäude ist ein beeindruckendes Atelierhaus. Der Berliner Bildhauer Georg Roch ließ es in den Jahren 1910/11 als Sommerhaus errichten. Der Vorgängerbau dieses Hauses, die so genannte „Eiserne Villa", war etwa 1896 als Stahlskelett mit doppelter Eisenplattenverkleidung von einem Berliner Fabrikanten errichtet worden. Dieses Haus brannte 1909 völlig nieder. Der Neubau, im Volksmund noch immer „Eiserne Villa" genannt, zeigt typische Elemente des Heimatstils wie beispielsweise das ornamentale Zierband der Windbretter des Mansardengiebeldaches, die kassettenartige Bemalung der Unterseite des Dachüberstandes und die mit zahlreichen Sprossen versehenen Fenster mit den Holzfensterläden. Einige der Plastiken des ehemaligen Besitzers Georg Roch zieren noch heute das Sommerhaus, zum Beispiel die Medaillons an der Fassade zur Seeseite. Die Originale dieser Abgüsse hängen zum Schutz gegen Wind und Wetter im Atelier.

Das Zentrum von Haus und Garten bildete das über zwei Geschosse gehende Atelier, das als Wohn- und Esshalle genutzt wurde. Dieser große Raum bot auch eine ideale Atmosphäre für Gespräche mit Leuten, die hierher zur Arbeit und zur Erholung kamen. Durch das riesige Atelierfenster öffnet sich ein wunderbarer Blick auf Garten und See. Das Esszimmer war von Helene Weigel mit alten Möbeln eingerichtet worden, die man in den 1950er Jahren für wenig Geld überall erwerben konnte. Helene Weigel und Bertolt

Brecht legten Wert auf alte, bequeme Möbel, denen man ansehen konnte, dass sie schon lange benutzt wurden. Brecht hatte sich sein Arbeits- und Schlafzimmer im benachbarten Haus eingerichtet. Er schuf sich dadurch eine „Atmosphäre der Isolierung", damit er ungestört lesen und schreiben konnte. Brecht bemerkte 1954 in einem Brief an Peter Suhrkamp, zwar in Bezug auf die Chausseestraße, was aber auch in Buckow zutraf: „… es ist wirklich ratsam, in Häusern und mit Möbeln zu wohnen, die zumindest 120 Jahre alt sind, also in früherer kapitalistischer Umgebung, bis man eine spätere sozialistische haben wird." Der Lieblingsstuhl der Helene Weigel steht am Kopfende des großen Tisches. Es ist ein ehemaliger Brautstuhl, in dem der Name der Braut und das Jahr der Hochzeit eingeschnitzt sind.

Gleich im Eingangsbereich befanden sich ein Bibliotheksraum und die nicht sehr große Küche. Wie immer sorgte sich Helene für das leibliche Wohl der Familie und der Gäste. Zum Essen wurde mit einer Kuhglocke gerufen. Es gab stets ein vorzüglich gekochtes Essen. Helene Weigels große Liebe gehörte den Pilzen, die sie sammelte, putzte und auf vielerlei Arten zubereitete. Und in Amerika züchtete sie diese sogar selbst.

Am beliebtesten waren Pilzgulasch, gedünstete Pilze und Knödel, Karfiol und Lendenbraten, Marillenknödel, Ribiselkuchen oder Zitronentorte. Und Helene bot gern den von ihr bevorzugten Unstrut- oder Naumburgerwein an oder eine Nachspeise „Birne Helene".

Ekkehard Schall erinnerte sich an einen Besuch in Buckow, wo er zum Essen eingeladen wurde. Es war bekannt, dass Brecht sehr wenig aß. Schall hatte aber riesigen Hunger. Sie saßen am großen Holztisch; Helene hatte nur Augen für Brecht. Brecht stellte seinem Gast Fragen, die dieser auch beantwortete. Inzwischen hatte Brecht seine drei Happen gegessen, sein Gast aber noch keinen einzigen. Sofort wurde abserviert, und Schall stand hungrig vom Tisch auf und ging später in die Stadt, um dort zu essen. Als einmal Stefan Brecht aus den USA zu Besuch nach Buckow kam, warnte ihn sein Schwager Schall, dass man in Buckow „beinahe verhungere". Stefan habe dann mit seiner Mutter lautstark das Problem besprochen.

Damals machte sich bei Helene Weigel allerdings auch schon das Älterwerden bemerkbar. Während der Spielzeit überließ sie die Küche einer Haushälterin. Doch sie hatte alles im Griff, besprach sich mit dieser und ging einkaufen: „Ich werde versuchen, Saatkartoffeln und Steckzwiebeln mitzubringen, wenn ich sie bekomme. Hat Ihr Mann den Draht bestellt, damit wir unsere Hühnerchen einsperren können? Sonst zerrupfen sie unsere Blumen."

Normalerweise trank Brecht am Nachmittag gegen 15 Uhr eine Tasse Kakao. Das letzte Hausmädchen Brechts, Elisabeth Schütz, konnte sich 1999 noch daran erinnern, dass sein Lieblingskuchen Apfelkuchen war, und zwar mit geraspelten Äpfeln und Streuseln darauf. Wenn am Abend Gäste kamen – und sie kamen in „Rabenschwärmen" –, wurde schwarzer Tee, aber auch Kräutertee serviert. Brecht trank kaum Alkohol bis auf bayerisches Bier zum Käsebrot am Abend. Seine bevorzugte Käsesorte war „blauer Schimmelkäse" (Roquefort). Das Frühstück bestand wie schon zu Mari Holds Zeiten aus einem Haferflockenbrei.

Erwin Strittmatter gab 1957 ein Erlebnis mit Brechts Spiegeleierbrutzelei zum Besten. Er überraschte ihn einmal beim Kochen. Brecht schlug verwirrt die Eierschalen mit in die Pfanne, ließ alles stehen und fragte Strittmatter, ob er wisse, wie man Spiegeleier zubereite. Der Gast machte sich ans Werk, briet weiter und vergaß, das Ganze zu salzen. Brecht stellte inzwischen das Abendbrotgeschirr zurecht, immer so, als wüsste er nicht recht Bescheid, und beobachtete dabei den Koch aus den Augenwinkeln. Schließlich lobte er das Werk mit dem Hinweis, dass manche Leute auch noch Salz zugeben.

Strittmatter hatte Brecht die neue Fassung seines zweiten Akts von „Katzgraben" mitgebracht. Die letzten paar Seiten waren in Jamben geschrieben. Brechts Kommentar: „Er kam anscheinend in diesen Rhythmus hinein, wie eine Kuh in ein Loch tritt, nur mit mehr Genuss. Ich bin mir nicht sehr sicher, wie sich die Jambisierung auf die Komödie auswirken wird, habe aber nicht das Herz, ihm den Spaß zu verderben."

Die größere Villa war für die Familie und die Gäste und war somit Weigels Reich. Dem Architekten Hermann Henselmann lag sehr daran, auf eine Anregung Brecht'scher Konvenienz hinzuweisen. „Sehr menschenfreundlich und kultiviert war in Buckow das Klo gestaltet. Einige Bücher zum Blättern (nicht zum Abreißen), und die Füße konnte man lang auf einem Teppich ausstrecken.

Das hatte antikisches Format und erinnert an jene Zeiten, wo die Akropolis auf dem Berge, der Phallus auf der Bühne des Amphitheaters und die Dunghaufen in der Stadt eine Einheit bildeten. Vielleicht sollte man unseren Stückeschreibern schöne große Klos verschaffen."

Den Plan, ein Stück „Turandot" zu schreiben, hatte Brecht schon in den dreißiger Jahren gefasst und kam nun in Buckow darauf zurück: „Erkältet allein zurück in Buckow, da Weißenseer Haus halbleer und unheizbar. Gehe TURANDOT durch, skizziere Chronik für Courage-Aufführung Kopenhagen."

Helene Weigel mit Blacky Borg, der Leiterin der künstlerischen Betriebsbüros des BE, bei einem Ausflug nach Hiddensee.

Schon im Sommer 1952 ging es Brecht gesundheitlich nicht sehr gut. Er sah oft grau und zusammengefallen aus, wenn er am Gartentisch seine Haferflockensuppe löffelte. Er arbeitete sehr viel, stand schon früh um 6 Uhr auf, und seine Tage waren randvoll ausgefüllt. Nicht zu vergessen, die vielen Reisen, die er unternahm. Dennoch fühlte er sich glücklich. Glück bedeutete für Brecht, ungehindert schreiben und inszenieren zu können. „Ohne schwere Krankheit, ohne schwere Feindschaft./ Genug Arbeit", registrierte er in dem Gedicht „1954. Erste Hälfte".

```
...
Und ich bekam meinen Teil von den neuen Kartoffeln
Den Gurken, den Spargeln, den Erdbeeren.
Ich sah den Flieder in Buckow, ...
```

Auf Kupfertafeln sind heute in dem schönen Garten unter alten Bäumen fünf Gedichte aus Brechts letztem Gedichtzyklus, den „Buckower Elegien", zu lesen, die er 1953 auf dem Buckower Landsitz schrieb. In den „Buckower Elegien" hatte Brecht auch Eindrücke der zeitgeschichtlichen politischen Ereignisse um den Arbeiteraufstand vom 17. Juni 1953 in Berlin verarbeitet. Die Tafeln mit den Elegien im Garten, das war ein Wunsch von Helene Weigel, der allerdings erst 1977 in Erfüllung ging, als in der „Eisernen Villa" eine Gedenkstätte eingerichtet wurde. So entstand diese Symbiose von Lyrik und Natur.

Eine wichtige Begegnung fand in Buckow in den ersten Augusttagen des Jahres 1953 statt. Ernst Schumacher kam als Gast, und sie sprachen über Vorder- und Hintergründe der Ereignisse vom 17. Juni 1953. Am zweiten Tag seines Aufenthaltes nahm er mit Helene Weigel am Festzug zur 750-Jahr-Feier von Buckow teil. Im August 1953 beklagte sich Brecht darüber, dass die abendliche Stromsperre seine Arbeit in Buckow behindere. Er beantragte deshalb beim Amt für Materialversorgung in Strausberg Petroleum sowie 300 Zentner Briketts, die er für die Beheizung von zwei Häusern benötige.

Eine strahlende Helene Weigel zeigt sich auf einem Foto, das im Juni 1952 in Buckow aufgenommen wurde. Neben ihr steht ihr aus Amerika zu Besuch gekommener Sohn Stefan mit Alma Gallius, die gemeinsam das neue Grundstück in Buckow besuchten. Käthe Rülicke notierte, dass Brecht mit ausgesprochenem Besitzerstolz durch das kurz darauf schon fertig eingerichtete Haus führte. „Ich gehöre jetzt zu einer neuen Klasse – den Pächtern!" Er genoss den Blick auf den Schermützelsee, legte sich einen Spazierstock zu, trug weiße, von seiner Frau gekaufte Tennisschuhe und entdeckte immer neue Bäume, Winkel, Schönheiten „seines" Gartens.

Zum Einzug ins Haus gratulierte die Stadt Buckow, und die Brechts stifteten eine Stadtfahne. Gäste kamen zuhauf. Darunter die nun wieder in Deutschland lebenden Hanns und Louise Eisler, Paul Dessau mit Antje Runge, Wilhelm Girnus mit Frau.

Es war schon lästig, dass Brecht im Ministerium für Außenhandel und Innerdeutschen Handel eine für die Zeit vom 3.9. bis 31.12. 1952 befristete Sondergenehmigung einholen musste, um auf „seinen Fahrten von Berlin nach Buckow und umgekehrt eine Reiseschreibmaschine Royal A, Nr. 1099815 sowie einen Koffer, enthaltend Theatermanuskripte" mit sich führen zu dürfen. Eine Sondergenehmigung vom selben Ministerium vom März 1953 erlaubte Brecht zwei Schreibmaschinen in seinem PKW GB 008-420, Fabrikat Steyr, von Berlin nach Buckow zu transportieren.

Brecht wünschte zwar immer Gäste um sich, doch offensichtlich fühlte er sich auch gelegentlich gestört. So ließ er im Mai 1954 an die Tür seines Arbeitszimmers einen Anschlag anbringen, auf der er erklärte, da er nur wenige Wochen im Jahr arbeiten könne, brauche er eine gewisse Privatsphäre. Wie ruhebedürftig Brecht damals war, zeigte auch seine Beschwerde beim Bürgermeister von Buckow über die Boote, die trotz Verbots sonntags mit einem Außenbordmotor auf dem Schermützelsee herumfuhren.

Nach einem Krankenhausaufenthalt verbrachte Brecht mit Helene Weigel die Zeit vom 26. Mai bis 8. August 1956 in Buckow. Erwin Strittmatter beschwor ihn, „wirklich einmal von Buckow" zu profitieren; das fördere „auch Gesundheitsprozesse". Der Kölner Regisseur Friedrich Siems hatte Brecht zur Premiere von „Leben des Galilei" nach Nürnberg eingeladen. Doch Brecht fühlte sich nicht gesund genug, lud seinerseits aber Siems ein, ihn in Buckow zu besuchen. Peter Palitzsch bot an, mit den Texten und Bildern für ein „Mutter-Modellbuch" nach Buckow zu kommen.

Links und unten: Helene Weigel liebte die Natur: Auf dem Foto, das im Schlafzimmer ihrer Berliner Wohnung hängt, pflückt sie Blumen in Buckow. Sie sammelte auch gerne Beeren und kochte „für die Kinder Blaubeeren".

In dieser Zeit stellte Brecht beim Fernsprechamt Frankfurt/Oder erneut einen Antrag auf einen Telefon-Nebenanschluss für die „Eiserne Villa". Da er schwer krank gewesen sei und sich nun in Buckow erholen möchte, müsse er in der Lage sein, sofort jemanden in das Gartenhaus zu rufen. Um die Verbindung mit Berlin besser aufrechterhalten zu können, benötigte Tochter Barbara ein Auto. Brecht bat im Ministerium für Kultur, seinen Antrag schnell zu bearbeiten: „Meine Tochter wird während der Ferien, die Helene Weigel und ich in Buckow zubringen, für uns, da ich selbst krank bin, die Verbindung mit Berlin aufrechterhalten müssen."

Eine der letzten, vielleicht sogar die letzte Einladung überhaupt, die Brecht aussprach, ging an Sadie Leviton, die geschiedene Frau seines Freundes Müllereisert. Sie war nach einer weltweiten Odyssee im November 1955 wieder „offiziell" nach Berlin zurückgekehrt. Im Dezember war sie vor einer Vorstellung von „Mutter Courage und ihre Kinder", zu der sie Helene Weigel eingeladen hatte, Brecht wieder begegnet. Am 14. Juni 1956, als sie mit Helli im Berliner Ensemble eine Verabredung hatte, sah sie Brecht zum letzten Mal; er hatte sich nur für wenige Stunden zu Proben aus Buckow nach Berlin fahren lassen. Er bat Sadie herzlich, doch für einige Tage ins Gästehaus am Schermützelsee herauszukommen. Sie versprach es für den Herbst. Doch da war Brecht nicht mehr am Leben. An seinem Totenbett stand der Arzt und Freund aus Augsburger Tagen, Otto Müllereisert, der Mann, mit dem Sadie einst verheiratet war. In dem Testament, das Brecht in Mai 1955 geschrieben hatte, hatte er angegeben, dass er im Garten in Buckow oder im Friedhof neben seiner Wohnung an der Chausseestraße begraben werden möchte.

Nach Brechts Tod blieb Buckow der Erholungsort für Helene Weigel: „Es ist tatsächlich so, dass ich völlig vergessen kann, was los ist. Wenn ich weg bin, wegfahre, habe ich nach zwei Tagen dieses Misttheater völlig aus dem Kopf verloren. Das ist furchtbar!" Sie fühlte sich wohl: „Kochen, Pilze suchen, Schwimmen, Patience legen, Kreuzworträtsel, Kriminalromane – ich hab doch alles in Hülle und Fülle!" Nach Brechts Tod zog auch einer der Weigelschen „Buben", Hans Bunge, der mit dem Aufbau des Archivs betraut war, zusammen mit seiner Frau in das leer stehende Haus in Buckow ein und übernahm Brechts Hund Rolf. Bunge wurde von Joachim Tenschert abgelöst.

Bei Gelegenheit „flüchtete" sich Helene Weigel förmlich nach Buckow: „… und ich beginne, mich in den Zustand der Verblödung zu begeben, der meine Erholung gewährleistet." Am 6. Mai 1971 ging das Leben einer großen Frau zu Ende.

Nach Helene Weigels Tod verkauften die Erben den Mittelteil des Buckower Anwesens mit der „Eisernen Villa" an den Staat. Heute kann man die „Eiserne Villa" als Gedenkstätte besichtigen. Im Bootshaus am See sind die originalen Theaterrequisiten aus der „Mutter Courage" zu finden. Das Stück erlebte seine deutsche Erstaufführung am 11. Januar 1949 im Deutschen Theater Berlin. Seitdem wurde der Wagen von der Weigel bis 1961 mehr als 400-mal über die Bühnen der Welt gezogen. Im gleichen Raum kann man auch Bühnenbildmodelle der Inszenierungen der „Mutter Courage und ihre Kinder" zu finden. Die wichtigsten Ausstellungstücke sind der legendäre Planwagen aus der Erstaufführung und

Links: Helene Weigel und Bertolt Brecht in Buckow in einer Zeichnung von Arno Mohr.
Unten: Barbara Brecht-Schall und Ekkehard Schall, 1984.

die Kostüme von Helene Weigel. Seit 1998 wird in der Gedenkstätte jedes Jahr ein Literatursommer mit Lesungen, Liedernachmittagen, Konzerten, Gesprächsrunden, Diskussionen, Filmen und Ausstellungen veranstaltet. Und zur Rosenzeit gibt es in Buckow ein zauberhaftes Rosenfest.

„Barbara ... sie kommt mit Brot und Suppe"

Das Grundstück am Schermützelsee, auf dem sich das Brecht-Weigel-Haus befindet, umfasste bis zur Eröffnung der Gedenkstätte im Juni 1977 auch die heutigen Nachbargrundstücke. Eines bewohnt heute Barbara Brecht-Schall.

Nachdem Barbara Brecht-Schall schon einmal Gast in der Kochsendung von Alfred Biolek war und dort auch kochte, wird man sie unweigerlich danach fragen, ob ihre Mutter ihr Hausarbeiten, wie Backen und Kochen, beigebracht habe. Doch das verneint sie. Sie kam zum Backen, weil sie ihrem in New York lebenden Bruder Stefan Brot gebacken hatte, da er das amerikanische Brot nicht gerne aß. Und von da an blieb sie beim Backen und auch Kochen. Vom frisch gebackenen Brot aus „echtem Korn und Schrot", schwärmte auch ihr Mann Ekkehard Schall. Er nannte seine geliebte Frau Barbara „die Rastlose", die sich um „Brecht kümmert".

Und da gibt es die schöne Geschichte zu ihrem Vater, als sie ihm kundtat, dass sie sich der Schauspielerei verschreiben möchte. „Mein Vater sagte: ‚Wenn du unbedingt Schauspielerin werden willst, musst du a) an einem anderen Theater in einer Rolle Erfolg haben und b) lernen, gute Rindssuppe zu kochen.' Mein Vater hat nämlich Schauspielerinnen nicht ertragen, die nicht wussten, wie man auf der Bühne Kartoffeln schält. Ich habe dann beides geschafft, und damit war die Schauspielerei genehmigt." Heute backt Barbara Brecht-Schall lieber, als dass sie kocht. „Ich esse zwar lieber herzhaft, aber Backen macht mir einfach viel Spaß. Na ja, und da sind ja so viele Leute, für die ich das mache. Ich backe z.B. jeden Herbst 47 Christstollen, die ich dann an die Familie und Freunde verschicke", erzählt Barbara Brecht-Schall, die sich heute um die Rechte am Werk ihres Vaters kümmert. Am liebsten kocht sie in Buckow. „Da geht's richtig ab, was das Lukullische angeht. Da stehe ich dann in der Küche, höre meine schöne 60er-Musik – meine Zeit – und koche und tanze." Die beiden Töchter – Johanna, die erfolgreiche Regisseurin, und die nicht weniger erfolgreiche Kostümbildnerin Jenny – und ein erstes Enkelkind sind natürlich die liebsten Gäste in Buckow.

Ekkehard Schall, der große, im Jahr 2005 verstorbene Schauspieler, widmete seiner Frau Barbara ein liebevolles Gedicht:

Barbara I

Das Haus hat den Geruch von ihrem Leib
von ihrer Schürze, frischem Brot und Fleisch.
Der Appetit kommt vor dem Essen, Laib
and Laib duften die Stollen. Da - Geräusch
die Stiege hoch, sie kommt mit Brot und Suppe
vom Ochsenschwanz, der Herbst wird himmelblau.
Flaggschiff der Brecht-Connection, ein Gemisch
von Duft, Aroma und Parfüm, gemach zu Tisch.
4.10.98

Rechts: Stimmung am Schermützelsee.
Folgende Doppelseite: Helene Weigel putzt Pilze bei einem Arbeitsgespräch mit Joachim Tenschert über eine Schallplattenproduktion von „Das Manifest".

Schwammerlgulasch (Pilzgulasch)

Für 4 Personen

500 G GEMISCHTE PILZE,
Z.B. STEINPILZE, PFIFFERLINGE
UND CHAMPIGNONS

1 EL BUTTER

1/2 EL OLIVENÖL

1 ZWIEBEL,
FEIN GEWÜRFELT

1 TL PAPRIKAPULVER
EDELSÜSS

1 PRISE CHILIPULVER

2 EL TOMATENMARK

100 ML ROTWEIN

SALZ

SCHWARZER PFEFFER
AUS DER MÜHLE

100 ML SÜSSE SAHNE

2 EL FEIN ZERKLEINERTE
PETERSILIE

✹ Die Pilze putzen und in Scheiben schneiden (kleine Pfifferlinge ganz lassen).

✹ Die Butter und das Öl in einer Pfanne erhitzen und darin die Zwiebeln glasig dünsten (sie sollen nicht braun werden). Paprikapulver und Chilipulver unterrühren. Das Tomatenmark und die Pilze hinzufügen und das Ganze vorsichtig mischen. Den Rotwein zugießen und kurz aufkochen lassen. Mit Salz und Pfeffer abschmecken. Die Hitze verringern und die Pilze zugedeckt 20 bis 25 Minuten weich dünsten.

✹ Die Sahne mit der Petersilie mischen und unter die Pilze heben. Das Ganze noch 2 bis 3 Minuten köcheln lassen; dabei immer wieder umrühren.

✹ Das Schwammerlgulasch auf vorgewärmten Tellern anrichten. Gut dazu passen Kartoffelkroketten oder in Butter geschwenkte Petersilienkartoffeln.

Pfifferlinge mit Speck

Für 4 Personen

* Den Speck in einer Pfanne anbraten und die Zwiebeln in dem austretenden Fett glasig dünsten. Die Pfifferlinge zugeben und unter Rühren braten, bis der Speck ausgelassen, aber noch nicht kross ist. Den Weißwein zugießen und weitgehend einkochen lassen. Die Sahne zugießen. Mit Salz und Pfeffer würzen. Die Flüssigkeit auf ein Drittel einkochen lassen; dabei die Pilze mit dem Pfannenheber vorsichtig wenden (oder die Pfanne schwenken).
* Die Pfifferlinge mit Schnittlauch garniert sehr heiß servieren.

---

100 G DURCHWACHSENER SPECK, IN FEINE KURZE STREIFEN GESCHNITTEN

1 ZWIEBEL, FEIN GEWÜRFELT

500 G PFIFFERLINGE

1/8 L WEISSWEIN

200 ML SAHNE

SALZ

PFEFFER AUS DER MÜHLE

Zum Garnieren

SCHNITTLAUCHRÖLLCHEN

Ausgebackene Apfelringe

Für 4 Personen

- Mehl, Milch, Ei, Rum und Salz zu einem glatten, dickflüssigen Teig verrühren.
- Das Kerngehäuse der Äpfel mit einem Apfelausstecher entfernen. Die Früchte schälen und in dicke Ringe schneiden.
- In einer beschichteten Pfanne reichlich Butter erhitzen. Die Apfelringe nach und nach in den Teig tauchen und in der Butter ausbacken. Bei Bedarf weitere Butter in die Pfanne geben. Die gebackenen Apfelringe auf Küchenpapier abtropfen lassen.
- Zum Servieren den Zucker mit dem Zimt mischen und über die Apfelringe streuen.

120 G MEHL
1/8 L MILCH
1 EI
1 EL RUM
1 PRISE SALZ
4 MITTELGROSSE ÄPFEL
BUTTER ODER BUTTERSCHMALZ

Zum Servieren
4 TL ZUCKER
1 TL ZIMT

Marillen-Topfenknödel

Ergibt 16 Knödel
(aus Helene Weigels Kochbuch)

* Die Marillen waschen und gut trocknen. Der Länge nach aufschneiden (nicht ganz durchschneiden). Den Stein entfernen. Die Früchte kurz beiseite legen.
* Quark, Öl und Ei mischen. Mit Salz würzen. So viel Mehl in die Mischung sieben, bis ein glatter, formbarer Teig entstanden ist. Den Teig in 16 Portionen teilen.
* In jede Frucht ein Stück Würfelzucker geben. Jede Teigportion etwas flach drücken und mit bemehlten Händen die Früchte mit Teig umhüllen; dabei darauf achten, dass die Teighülle vollkommen geschlossen ist. Die Knödel in leicht gesalzenem, siedendem Wasser etwa 10 Minuten gar ziehen lassen.
* Inzwischen in einer Pfanne die Butter zerlassen und darin die Semmelbrösel unter Rühren goldbraun rösten. Den Gran Marnier einrühren und die Knödel in den Bröseln wälzen, bis sie rundum überzogen sind. Oder die Knödel in eine vorgewärmte Schüssel geben und dick mit den Semmelbröseln bestreuen.

Helene Weigel notiert: 1/2 kg weichen Topfen passieren, 2 Klar Schnee, 2 Dotter, 1 abgeriebene in 1 Seidel Obers geweichte Semmel, etwas Mehl nach Bedarf zum Einrollen. In Salzwasser kochen.

---

16 MARILLEN (APRIKOSEN)

16 ZUCKERWÜRFEL

Für den Teig

250 G TOPFEN (QUARK)

2 EL ÖL

1 EI

SALZ

250 G MEHL

MEHL ZUM FORMEN DER KNÖDEL

Zum Servieren

2 EL BUTTER

6 EL SEMMELBRÖSEL

1–2 EL GRAN MARNIER

Aprikosenroulade
von Barbara Brecht-Schall

Für 4 Personen

4 EIER
125 G ZUCKER
75 G MEHL
50 G SPEISESTÄRKE
1 UNBEHANDELTE ZITRONE
3 BECHER SCHLAGSAHNE
250 G MANDELBLÄTTER
VANILLEZUCKER
APRIKOSENMARMELADE
(SIEHE REZEPT GEGENÜBER)
APRICOT BRANDY

■ Die vier Eier sorgfältig trennen, die Zitrone gründlich abwaschen und die Schale abreiben. Die Mandelblätter kurz in einer Pfanne trocken anrösten.

■ Dann das Eiweiß mit einer Prise Salz zu einem sehr festen Schnee schlagen. Das Eigelb mit dem Zucker schaumig rühren und danach vorsichtig mit dem Eischnee mischen. Mehl, Speisestärke und Backpulver vermengen und dann die Eimischung vorsichtig unterheben, dabei die abgeriebene Zitronenschale untermischen.

■ Die Biskuitmasse auf das Blech streichen und im Backofen bei 200 °C 8-10 Minuten backen.

■ Währenddessen die Aprikosenmarmelade mit dem Brandy verrühren und auf die Teigplatte streichen. Einen Teil der gerösteten Mandeln darüber streuen und alles zu einer Rolle formen. Sahne mit Vanillezucker steif schlagen und diese über die völlig ausgekühlte Roulade streichen, die restlichen Mandeln darüber streuen und servieren.

Aprikosenmarmelade

Für 4 bis 6 Gläser

◼ Die Aprikosen entkernen, vierteln und mit dem Gelierzucker und dem Zitronensaft mischen. Das Ganze 2 Stunden ziehen lassen, dann die Früchte leicht zerdrücken und 8 bis 10 Minuten einkochen.

◼ Die Marmelade in sterile heiße Schraubgläser füllen und diese sofort verschließen.

| 1 KG REIFE APRIKOSEN |
| 500 G GELIERZUCKER |
| SAFT VON 1/2 ZITRONE |

Ribisel-Torte
nach Weigel-Art

Für 1 Kuchen

* Die Zutaten für den Teig gründlich miteinander vermengen. Den Teig in Klarsichtfolie einwickeln und 30 Minuten in den Kühlschrank legen.
* Den Backofen auf 180 °C vorheizen. Eine Tortenbodenform (rund oder eckig) mit Butter einfetten.
* Den Teig auf der bemehlten Arbeitsfläche der Form entsprechend ausrollen und in die Form drücken. Überstehende Teigränder abschneiden. Den Teig mit Backpapier oder Alufolie belegen und getrocknete Hülsenfrüchte (Bohnenkerne oder Erbsen) bis knapp unter den Rand der Form füllen. Den Tortenboden 12 Minuten im vorgeheizten Ofen backen (durch dieses so genannte Blindbacken bleibt der Teigboden flach und der Rand aufrecht).
* Die Hülsenfrüchte samt Backpapier (oder Alufolie) entfernen und den Tortenboden weitere 10 bis 15 Minuten backen, bis er goldgelb ist. Den Tortenboden vor dem Belegen auf einem Kuchengitter etwas abkühlen lassen; zum Belegen gleich auf eine Tortenplatte setzen.
* Für den Belag 400 Gramm Johannisbeeren mit dem Zucker und einem Viertelliter Wasser garen, bis die Beeren weich sind. Die ausgedrückte Gelatine einrühren und die restlichen (frischen Beeren) zugeben und 1 bis 2 Minuten garen. Die Fruchtmasse noch warm gleichmäßig auf dem Tortenboden verteilen. Die Torte an einem kalten Platz auskühlen lassen.

Für den Teig
70 G ZUCKER

110 G BUTTER

140 G MEHL

1 EIGELB

MEHL FÜR DIE ARBEITSFLÄCHE

BUTTER FÜR DIE FORM

Für den Belag
500 G ROTE JOHANNISBEEREN, ABGEZUPFT

80 G ZUCKER

1 BLATT GELATINE, IN WASSER EINGEWEICHT

Johannisbeergelee

Für 4 bis 6 Gläser
(aus Helene Weigels Kochbuch)

1 KG JOHANNISBEEREN
1 KG GELIERZUCKER

✸ Die Johannisbeeren waschen und die Beeren mit Hilfe einer Gabel von den Stängeln streifen. Die Beeren mit 250 Milliliter Wasser kochen, bis die Früchte aufgesprungen sind. Ein Sieb in einen höheren Topf hängen, die Früchte samt Flüssigkeit hineingeben und den Saft abtropfen lassen (am besten über Nacht).

✸ Den aufgefangenen Johannisbeersaft abmessen (in der Regel erhält man 800 Milliliter Saft) und mit Wasser auf 1 Liter auffüllen. Die Mischung in einen Topf geben und den Gelierzucker unterrühren. Das Ganze 10 Minuten stehen lassen, dann etwa 5 bis 6 Minuten kochen (Angaben auf dem Gelierzucker beachten); dabei ständig rühren und entstehenden Schaum abschöpfen.

✸ Das Gelee noch heiß in sterile heiße Gläser mit Schraubdeckel füllen und diese sofort verschließen.

Helene Weigel notiert: Ein Pfund feingestoßener Zucker u. ein Pfund rote Johannisbeeren werden in einer messingenen Pfanne zehn Minuten anhaltend gekocht, hierbei fleißig abgeschäumt u. umgerührt. Dann läßt man diesen Saft durch ein Sieb in eine Schüssel laufen, füllt ihn noch warm in die Gläser, bindet diese nach gänzlichem Erkalten mit Pergamentpapier zu und stellt sie an einen kühlen Ort.

ANHANG

Rezeptverzeichnis

SUPPEN

Bierkäsesuppe	60
Bierzwiebelsuppe	128
Paradeisersuppe	162
Rindssuppe mit Frittaten	62
Schwäbische Hochzeitssuppe	63

VEGETARISCHE GERICHTE & BEILAGEN

Blumenkohlpudding	130
Böhmische Knödel	129
Harzer Käse mit Musik	67
Kartoffelbrot	133
Kartoffelpudding auf amerikanische Art	132
Krautspätzle	164
Maultaschen mit Spinatfüllung	65
Pfifferlinge mit Speck	211
Schwammerlgulasch	210
Schwäbischer Kartoffelsalat	64

FISCHGERICHTE

Fischsuppe	136
Forelle Müllerin Art	73
Heringstopf	137
Wallerfilets	163

FLEISCHGERICHTE

Buletten nach Berliner Art	168
Fleischklopse in Biersauce	134
Fleischlaberl mit Bohnen	166
Hasenkeule mit Preiselbeersauce	135
Irish Stew	68
Kalbsnierenbraten	71
Rinderfilet und Spargel	69
Salzburger Beiried	167
Saubuckel mit Schwammerl	72
Schwäbischer Wurstsalat	70
Tafelspitz	170
Wiener Backhendl	171

SÜSSPEISEN & GETRÄNKE

Apfelstrudel	144
Aprikosenmarmelade	215
Aprikosenroulade von Barbara Brecht-Schall	214
Ausgebackene Apfelringe	212
Fruit Cake à la Weigel	141
Gugelhupf	74
Heidelbeerwein	81
Holunderküchle	78
Johannisbeergelee	218
Marillen-Topfenknödel	213
Mohnnudeln	79
Ribisel Torte nach Weigel-Art	217
Salzburger Nockerln	140
Schwedischer Apfelkuchen	143
Spanischer Wind	139
Spitzbuben	77
Zitronenkuchen	142

Personenverzeichnis / Eine Auswahl

Abusch, Alexander (1902-1982), Publizist, Kulturpolitiker, 1954-1956 stellvertr. Kulturminister, 1956-1958 Staatssekretär, 1958-1961 DDR-Kulturminister, 1961-1971 stellvertr. Ministerratsvorsitzender

Andersen-Nexø, Martin (1869 -1954), dänischer Schriftsteller, Mitglied der dänischen Kommunistischen Partei, floh 1943 über Schweden in die Sowjetunion, kehrte zunächst nach Dänemark zurück, übersiedelte 1952 nach Dresden

Banholzer, Paula („Bi") (1901-1989), Freundin Brechts, Mutter des Sohnes Frank

Barlog, Boleslaw (1906-1999), Regisseur und Theaterleiter, 1950-1972 Intendant des Schiller-Theaters

Becher, Johannes R.(1891-1958), Schriftsteller, 1945-1958 Präsident des Kulturbunds, 1953-1956 Präsident der Akademie der Künste, 1954-1959 DDR-Kulturminister

Benjamin, Walter (1892-1940), Kunsttheoretiker und Philosoph, 1926 erste Begegnung mit Brecht, 1933-1940 im Exil in Paris, Besuche bei Brecht und Weigel in Svendborg

Bergner, Elisabeth (eigentlich Elisabeth Ettel) (1897-1986), 1933 heiratete sie den Regisseur Paul Czinner und emigrierte mit ihm nach den USA

Bezold, Otto („Bez") (*1899), Schulkamerad und Freund von Brecht

Berlau, Ruth (1905-1974), dänische Schriftstellerin und Schauspielerin, 1935 Begegnung mit Brecht in Dänemark, seitdem Mitarbeiterin Brechts

Bildt, Paul (1885-1957), Schauspieler, spielt in den ersten Inszenierungen des Berliner Ensembles unter Brecht

Bork, Elfriede (Blacky) (*1907), 1949-1971 Leiterin des Künstlerischen Betriebsbüros am Berliner Ensemble

Brecht-Schall, Barbara (*1930), Tochter von Helene Weigel und Bertolt Brecht. Schauspielerin und Verwalterin der Brecht-Erben GmbH. 1950 Heirat mit dem Schauspieler Ekkehard Schall. Zwei Töchter: Schauspielerin und Regisseurin Johanna Schall und die Kostümbildnerin Jenny Schall

Brecht, Lie (Lisbeth) (1893-1989), Ehefrau von Walter Brecht

Brecht, Stefan (*1924) Sohn von Helene Weigel und Bertolt Brecht, Chemiestudium in den USA, später Philosophie, Theaterarbeit u.a. mit Robert Wilson

Brecht, Walter (1900-1980), Bruder von Bertolt Brecht

Busch, Ernst (1900-1980), Schauspieler, Sänger, Kabarettist, 1927-1933 an Berliner Bühnen, 1930 erste Zusammenarbeit mit Brecht, 1946-1961 Schauspieler u.a. am Hebbeltheater, Berliner Ensemble, Deutschen Theater und Ostberliner Volksbühne

Dessau, Paul (1894-1979), Komponist, Exil in den USA, ab 1943 Zusammenarbeit mit Brecht, seit 1949 in Berlin, u.a. Bühnenmusik zu Stücken von Brecht, heiratete Elisabeth Hauptmann

Dieterle, William (1893-1972), deutscher Filmregisseur und Schauspieler. 1920 begann er ausschließlich für den Film zu arbeiten 1930 ging er zu Warner Bros. nach Hollywood, später kehrte er nach Europa zurück

Dürrenmatt, Friedrich (1921-1990), Dramatiker, lernte Brecht 1947 kennen

Dudow, Slatan (1903-1963), DEFA-Regisseur, zu seinem Film „Kuhle Wampe oder wem gehört die Welt?" schrieb Brecht das Drehbuch

Eisler, Hanns (1898-1962), Komponist, Musikphilosoph und -theoretiker, 1948 Rückkehr aus der Emigration, schrieb 1949 die Nationalhymne der DDR. 1950 Mitbegründer der Deutschen Akademie der Künste. Langjährige Freundschaft und Zusammenarbeit mit Brecht

Engel, Erich (1891-1966), Regisseur, 1918-1921 am Schauspielhaus in Hamburg, 1921-1923 am Staatstheater München, 1923 Begegnung mit Brecht, ab 1924 in Berlin, 1933-1945 am Deutschen Theater, 1945-66 an den Münchner Kammerspielen, 1949-1966 u.a. am Berliner Ensemble

Feuchtwanger, Lion (1884-1958), studierte Philologie und Philosophie in München, arbeitete als Theaterkritiker, seit 1933 im Exil in Frankreich, flieht in die USA; bekannt mit Brecht seit 1919. Die Freundschaft und Zusammenarbeit mit Brecht besteht bis zu dessen Tod. Ehefrau **Martha**, geb. Löffler (1890-1987)

Fleißer, Marieluise (1901-1974), Schriftstellerin und Freundin Brechts

Frisch, Max (1911-1991), Architekt und Schriftsteller, lernte Brecht 1947 kennen

Giehse, (eigentlich Gift) **Therese** (1898-1975), Schauspielerin. 1926-1933 Mitglied der Münchner Kammerspiele emigrierte nach Zürich. Von 1949-1952 Mitglied des Berliner Ensembles

Graf, Oskar Maria (1894-1967), Schriftsteller. 1938 floh er in die USA, wurde Präsident der German American Writers Association

Granach, Alexander (eigentlich Jesaja Szajko Gronach) (1890-1945), Schauspieler. Emigration in die USA, Filmkarriere in Hollywood

Hartmann, Rudolf (1898-1940), einer der ältesten Freunde Brechts, studierte Jura in München, wurde Staatsanwalt, dann Amtsgerichtsrat. Besuchte 1934 Brecht in Skovbostrand

Hauptmann, Elisabeth (1897-1973), Schriftstellerin und Mitarbeiterin von Brecht ab 1924. Lebte von 1934-1949 im Exil in den USA. 1943 Heirat mit Paul Dessau. Nach Brechts Tod fungierte sie als Herausgeberin seiner Werke beim Suhrkamp Verlag und war Dramaturgin am Berliner Ensemble

Herzfelde, Wieland (1896-1988) 1917-1933 Leiter des Malik-Verlags. Im Prager Exil bis 1939 Herausgeber der „Neuen Deutschen Blätter", gründete in New York den Aurora-Verlag. 1949 Professor in Leipzig. Mitglied der Akademie der Künste und Präsident des DDR-PEN

Hiob, Hanne (*1923) Tochter aus der Ehe Brechts mit Marianne Zoff. Tänzerin, Soubrette und Schauspielerin. Sie spielte sehr erfolgreich auf allen großen europäischen Bühnen und pflegt das Werk ihres Vaters

Hold, Mari (Maria) (1909-1980), Hausmädchen von Brechts Familie, heiratet in Svendborg den Fleischermeister Jörg Henrik Ohm

Ihering, Herbert (1888-1977), Journalist und Theaterkritiker, 1909 Mitarbeiter an der „Schaubühne". 1914-1918 Dramaturg an der Wiener Volksbühne. 1919 Nachfolger von Alfred Kerr als Theaterkritiker. 1942 Dramaturg am Wiener Burgtheater.1945 Chefdramaturg des Deutschen Theaters Berlin

Jeßner, Leopold (1878-1945), Schauspieler, Regisseur, Theaterleiter. 1915-1919 Leiter des Neuen Schauspielhauses in Königsberg, 1918-1928 Intendant des Staatlichen Schauspielhauses Berlin, 1933 Emigration nach den USA

Kölbig, Wilhelm (1895-1929), Schulkamerad und Freund von Bertolt Brecht, Mitherausgeber der „Ernte"; arbeitete nach seiner Schulzeit als Zeitungsredakteur

Kutscher, Artur (1878-1960), Literatur- und Theaterwissenschaftler. Brecht besucht sein Seminar in München

Lang, Fritz (1890-1976), einer der bedeutendsten Filmregisseure, arbeitete in den USA auch zusammen mit Bertolt Brecht

Lazar, Maria (1895-1948), eng befreundet Eugenie Schwarzwald und Helene Weigel. Ihr Werk umfasst journalistische Arbeiten, Novellen und kulturpolitische Artikel, auch etliche Romane. Bereits 1933 aus politischer Überzeugung nach Dänemark emigriert. Die erste Zeit lebte sie dort mit Bert Brecht, Helene Weigel bei Karin Michaelis auf Thurø

Laughton, Charles (1899-1962), britischer, ab 1950 US-amerikanischer Schauspieler und Regisseur, verheiratet mit der englischen Schauspielerin Elsa Lancaster

Leviton, Sadie, (†1966), Schauspielerin, beste Freundin von Helene Weigel, heiratete 1932 Otto Müllereisert, den Jugendfreund Brechts, 1933 Scheidung, lebte ab 1937 im Exil in Argentinien, kehrte 1954 nach Berlin zurück

Lingen, Theo (eigentlich Franz Theodor Schmitz) (1903-1978), Schauspieler. Nach seiner Heirat mit der von Brecht geschiedenen Marianne Zoff nahm er deren Tochter Hanne („Hanne Hiob") zu sich und bewahrte sie vor den Nationalsozialisten, indem er sie für seine leibliche Tochter ausgab

Mann, Heinrich (1871-1950), Schriftsteller, 1905 erschien sein Roman „Professor Unrat". 1933 wurde Mann aus der Akademie der Künste ausgeschlossen und emigrierte nach Frankreich. Aberkennung der deutschen Staatsbürgerschaft, Flucht 1940 in die USA, Rückkehr nach Deutschland, 1950 Berufung zum ersten Präsidenten der Akademie der Künste in Berlin (DDR)

Matray, Ernst (1891-1950), Schauspieler und Groteskänzer an Max Reinhardts Bühnen, verheiratet mit der Schauspielerin und Autorin Maria Sohlweg-Matray, ging mit ihr 1933 nach Hollywood, wo er als Choreograph und Regisseur bis 1955 arbeitete

Michaelis, Karin (1872-1950), Autorin. Am bekanntesten ist ihr Werk „Das gefährliche Alter" und die Mädchenbücher über „Bibi". Enge Freundin der Brechts im Exil in Dänemark und den USA

Müllereisert, Otto (1900-1967), Freund Brechts, Taufpate von Brechts Sohn Frank. Trauzeuge bei der Hochzeit Brechts mit Marianne Zoff. Studierte Medizin, arbeitete in Berlin in der Charité. Nach Brechts Rückkehr aus der Emigration besteht die Freundschaft fort. Als Freund und Arzt bestätigt er Brechts Tod

Münsterer, Hanns-Otto (1900-1974), Freund Brechts. Studierte Medizin in München, speziell Virologie und Dermatologie, schreibt Erzählungen und Gedichte. Entfremdet sich von Brecht

Neher, Caspar (1897-1962), Schulkamerad und Freund von Brecht. Studium an der Münchner Akademie der bildenden Künste. Brechts „Baal" mit Zeichnungen von Neher erscheint im Berliner Musarion-Verlag. 1921 entwirft er die Bühnengestaltung für Brechts „Trommeln in der Nacht", 1933 fährt er mit Kurt Weill nach Paris, arbeitet während der Nazi-Zeit weiter in Deutschland. Ab 1946 hat er wieder Kontakt mit Brecht, wird 1948 österreichischer Staatsbürger, arbeitet u. a. für die Salzburger Festspiele, daneben in Zürich, München und Berlin. 1954 wird er technischer Direktor bei den Münchner Kammerspielen. Von 1958 ist er bis zu seinem Tod Professor für Bühnenbild an der Akademie der bildenden Künste Wien

Pascal, Ernest (1896-1966), amerikanischer Drehbuchautor, 1935-1937 Präsident der Vereinigung der Drehbuchautoren

Palitzsch, Peter (*1908), Grafiker, Regisseur und Intendant, 1952-1961 Dramaturg und Regisseur am Berliner Ensemble, ab 1962 in Stuttgart und Köln, 1967-1972 Schauspieldirektor des Württembergischen Staatstheaters, 1972-1980 Vorsitzender des Schauspieldirektoriums der Städtischen Bühnen Frankfurt am Main, Mitglied des Direktoriums des Berliner Ensembles

Pfanzelt, Georg („Orge") (1893-1963), Brechts ältester Freund

Piscator, Erwin (1893-1966), Regisseur und Theaterleiter, 1927 Gründung der 1. Piscator-Bühne, 1929 der 2. Piscator-Bühne; 1931-1936 Emigration in die Sowjetunion, 1936-1939 in Paris, 1939-1951 in New York, 1951 Rückkehr nach Deutschland, 1962-1966 Direktor des Theaters am Kurfürstendamm in Berlin

Rülicke, Käthe (1922-1992), Germanistin, 1950-1956 Regieassistentin am Berliner Ensemble

Schall, Ekkehard (1930-2005), Schauspieler, Regisseur, 1949-1951 am Stadttheater Frankfurt/Oder, 1952-1966 am Berliner Ensemble. Ehe mit Barbara Brecht.

Schrecker, Hans (-Heinrich) (1899-1983), SED-Funktionär in Berlin

Schumacher, Ernst (* 1921), Theaterwissenschaftler und Kritiker. Von 1969 bis 1986 Leiter des Lehrstuhls Theorie der darstellenden Künste am Institut für Theaterwissenschaft der Humboldt-Universität

Schwarzwald, Eugenie geb. Nussbaum, (1872-1940), Pädagogin und Schulgründerin. Die dänische Schriftstellerin Karin Michaelis förderte die sozialen Projekte Eugenie Schwarzwalds ideell und finanziell und veröffentlichte ein Buch über die Schulanstalten. Helene Weigel war ihre Schülerin

Seghers, Anna (eigentlich Netty Radvany, geb. Reiling) (1900-1983), Schriftstellerin. Trat 1928 der KPD bei, 1933 emigrierte sie über die Schweiz nach Frankreich, 1941 über Marseille nach Mexiko. 1942 entstand ihr Roman „Das siebte Kreuz", kehrte 1947 nach Deutschland zurück und wohnte in Ost-Berlin, 1952-1978 Vorsitzende des Schriftstellerverbands der DDR

Steffin, Margarete (1908-1941), Mitarbeiterin und Geliebte von Brecht. 1993 folgte sie ihm ins Exil. Starb an Tuberkulose

Sterna, Katta (1897-1983), Schauspielerin und Tänzerin

Strittmatter, Erwin (1912-1994), Schriftsteller, gehörte zu den bekanntesten Schriftstellern der DDR

Tenschert, Jochen (1928-1992), Dramaturg, Regisseur, 1957/58 Dramaturg am Deutschen Theater in Berlin, 1958-1970 sowie 1977-1991 Chefdramaturg und Regisseur am Berliner Ensemble

Thompson, Dorothy (1893-1961), amerikanische Journalistin, 1939 neben Eleanor Roosevelt eine der einflussreichsten Frauen Amerikas.; verheiratet mit u.a. mit Sinclair Lewis

Valentin, Karl (1882-1948), Kabarettist, Komiker und Filmproduzent, arbeitet als Komiker und Volkssänger

Vélez, María Guadalupe „Lupe" Villa-Lobos (1909-1944), mexikanische Schauspielerin

Viertel, Salka (geb. Steuermann) (1889-1978), Schauspielerin und Bühnenautorin, Freundin von Helene Weigel

Viertel, Berthold, (1885-1953), Schriftsteller, Dramaturg, Regisseur, Essayist und Übersetzer. 1918-23 Regisseur in Dresden und Berlin, 1928-47 in den USA und Großbritannien, ab 1948 Regisseur in Zürich sowie 1949-53 in Wien, Berlin, Zürich und bei den Salzburger Festspielen

Wagner-Régeny, Rudolf (1903-1969), Komponist, ab 1947 Rektor der Musikhochschule Rostock, 1950-1968 Kompositionslehrer an der Deutschen Hochschule für Musik in Berlin(Ost), erhielt den Nationalpreis der DDR

Walcher, Jacob (1887-1970), Gewerkschafter und Kommunist, trat 1906 der SPD bei, 1918 Mitbegründer der KPD. 1933 Emigration, floh in die USA, 1946 Rückkehr nach Deutschland, Eintritt in die SED, Chefredakteur der Gewerkschaftszeitung „Tribüne"; kritisierte Missstände im Realsozialismus. Die SED schloss ihn aus der Partei aus. In den Jahren der politischen Ächtung hielt ihm sein Freund Bertolt Brecht die Treue. 1956 offiziell rehabilitiert

Wedekind, Frank (1864-1918), Dramatiker, Lyriker, Essayist. Medizinstudium in München, dann Journalist, Reklameleiter und Zirkussekretär. Seit 1896 Mitarbeiter am „Simplicissimus", wegen „Majestätsbeleidigung" 8 Monate im Gefängnis. Kabarettsänger in München. Sein Werk ist von größtem Einfluss auf Brecht, Brechts erstes Kind bekam den Vornamen Frank. Zu einem persönlichen Kontakt kam es nicht, obwohl ihn Brecht erlebt hat

Weill, Kurt *(1900-1950), Komponist, Studium der Musik an der Hochschule für Musik in Berlin. 1920 Engagement als Kapellmeister am Stadttheater Lüdenscheid. 1927 beginnt er mit Brecht zusammenzuarbeiten, woraus 1928 „Die Dreigroschenoper" entsteht. 1933 flieht Weill nach Paris, dann 1935 in die USA. Er war verheiratet mit der Schauspielerin und Chansonsängerin Lotte Lenja*

Wuolijoki, Hella, *(geb. Ella Murrik) (1886-1954), Sozialistin, Schriftstellerin, aus Valga/ Estland, studierte in Helsinki, heiratete und nahm finnische Staatsbürgerschaft an, beherbergte 1940 die Brechts auf ihrem Gut bei Marlebäck*

Zoff, Marianne *(1893-1984), Mezzosopranistin, Brecht heiratete sie im November 1922. Ihre gemeinsame Tochter Hanne kommt am 12. März 1923 zur Welt*

Quellen- und Literaturhinweise

Die Texte von Bertolt Brecht sind zitiert nach: Bertolt Brecht, Werke. Große kommentierte Berliner und Frankfurter Ausgabe, hg. von Werner Hecht, Jan Knopf, Werner Mittenzwei, Klaus-Detlef Müller, Berlin und Weimar / Frankfurt am Main 1988-2000. (Angegeben sind Band- und Seitenzahl.)

Nachgewiesen sind auch Dokumente aus dem Bertolt-Brecht-Archiv (BBA und Nummer).

S. 7, Leben des Galilei: 5, 213. – S. 7, Vom armen B.B.: 11, 119. – S. 14, Das neue Iberinlied: 14, 330. – S. 15, Brief an Heinz Hagg: 28, 23. – S. 17, Baal: 28, 51. – S. 19, Bidi in Peking: 15, 274. – S. 19, Die Freundin, die ich jetzt habe: 27, 362. – S. 20, Nachmittags: 26, 138. – S. 20, Wir baden: 26, 133. – S. 20, Anni Bauer: 26, 122. – S. 21, Liebste Bi: 28, 89. – S. 22, Hoffentlich hast Du: 28, 93f. – S. 26, Auf dem Wege von Augsburg nach Timbuktu: 13, 206. – S. 28, Mar nach Burgadelzhausen: 26, 205. – S. 28, Nun kriege ich ein Kind: 26, 189. – S. 34, Die Requisiten der Weigel: 12, 330f. – S. 34, Geschichten vom Herrn Keuner. Zwei Städte: 18, 27. – S. 37, Flüchtlingsgespräche. Eine gute Rindsuppe: 18, 205. – S. 37, Das Lied von der Suppe: 11, 232. – S. 37, Fröhlich vom Fleisch zu essen: 15, 285. – S. 37, Geschichten vom Herrn Keuner Gastfreundschaft: 18, 23. – S. 38, Von den großen Männern: 13, 336. – S. 38f., Die Dreigroschenoper: 2, 245, 284f. – S. 42, Alfabet: 14, 231. – S. 43, Tiegedichte aus: Kleine Lieder für Steff: 14, 245. – S. 43, Der Ingwertopf aus: Leben des Konfutse: 10, 892. – S. 45, Die Maßnahme: 3, 115. – S. 47, Das Lied vom Klassenfeind: 11, 210. – S. 48, Ich, Bertolt Brecht: 15, 263. – S. 51, Plärrerlied: 13, 105. – S. 52, Ich habe gehört, daß ich im Norden Berlins: 21, 193. – S. 52, Zigarren: 29, 395. – S. 55, Graf, der kein Wort: 27, 150. – S. 56, Herr Brecht (Rülicke): BBA 833/44. – S.56, Ich bin Bayer: 30, 446 – S. 85, An die Nachgeborenen: 12, 85. – S. 86, Als ich ins Exil gejagt wurde: 14, 185. – S. 88, Ballade von der Hanna Cash: 11, 90. – S. 90, Brief an Benjamin: 28, 395. – S. 91, Resolution: 29, 56. – S. 92, Hier ist wieder das Herumlaufen 28, 449. – S. 92, Essen tun die Engländer Leder und Gras: 28, 423. – S. 92, Gestern Abend: 28, 458. – S. 92f., Die englische Küche ist lebensgefährlich: 28, 458. – S. 93, Der Orangenkauf: 11, 195. – S. 93, London ist ein: 28, 466. – S. 94f., Brotkarte: 26, 341. – S. 96, Eßkultur: 20, 7-12. – S. 100, Wir sind jetzt Flüchtlinge: 15, 11. – S. 102, Finnische Gutsspeisekammer 1940: 12, 99. – S. 105, Herr Puntila und sein Knecht Matti: 6, 351. – S. 105, Dogsborough: 7, 18f. – S. 106, Die Finnen kämpfen 27, 91. – S. 107, Geschichten vom Herrn Keuner: Hungern: 18, 16f. – S. 107, Nacht auf der Nyborgschaluppe: 15, 92f. – S. 107, Hitler hat sie umgebracht: 27, 110. – S. 108, Hier kommt man sich vor: 27, 71. – S. 114, Frau Kopecka: Das Lied vom Kelch: 7, 246f. – S. 115, Die sieben Todsünden: 4, 273. – S. 116, ...wir gehen Lunchen im Drugstore: 29, 236. – S. 118, Karin Michaelis: 29, 316. – S. 119, Epistel an die Augsburger 1945: 15, 159. – S. 121, Brief an Familie Dieterle: 29, 424. – S. 124, Hier seht mich froh: 15, 16. – S. 125, Jakobs Söhne ziehen aus, im Ägyptenland Lebensmittel zu holen: 15, 272. – S. 149, Russen haben: 27, 279. – S. 149f., Brot mit Wurst: 27, 279. – S. 150, Brief an Pfanzelt: 29, 543f. – S. 154f., Brief an Peter Suhrkamp: 30, 231. – S. 175, Die Couragefigur Hellis: 27, 296. – S. 175, Mutter Courage und ihre Kinder: 14, 444/449. – S. 176, Brief an Stefan S. Brecht „Inzwischen haben wir uns": 30, 13. – S. 177, Geschirr: BBA 859/110. – S. 189, Das Pflaumenlied: 15, 192. – S. 189, Eine Pflaume: 6, 245. – S. 199, Mit Helli in Buckow: 27, 330. – S. 200, Brief an Peter Suhrkamp: 30, 231f. – S. 201, Erkältet allein: 27, 347. – S. 202, 1954, erste Hälfte: 15, 281. – S. 203, Sondergenehmigung: BBA 972/77.

Die Rezepte von Helene Weigel sind nach den Dokumenten aus dem Bertolt-Brecht-Archiv zitiert: S. 74: BBA 114, S. 77: BBA 122, S. 130: BBA 129, S. 132: BBA 103, S. 133: 131, S. 139: BBA 110, S. 140: BBA 116, S. 141: BBA 102, S. 143: BBA 100, S. 213: BBA 134, S. 218: BBA 143

Brecht, Walter: Unser Leben in Augsburg damals. Erinnerungen, Frankfurt am Main, 1985

Brecht-Schall, Barbara: BBS 70. Barbara Schall im Gespräch mit Werner Hecht, Joachim Lang, Martin Linzer, James K. Lyon, Ingeborg Pietzsch, Giuseppe de Siati, Frankfurt am Main 2000

Giehse, Therese: „Ich hab nichts zum Sagen". Gespräche mit Monika Sperr, München 1973

Häntzschel, Hiltrud: Brechts Frauen, Reinbek bei Hamburg 2003

Hecht, Werner: Brecht-Chronik, Frankfurt am Main 1997

Hecht, Werner: Helene Weigel. Eine große Frau des 20. Jahrhunderts, Frankfurt am Main 2000

Herold, Christine: Mutter des Ensembles. Helene Weigel – ein Leben mit Bertolt Brecht. Eine Biographie, Cadolzburg 2000

Hillesheim, Jürgen: Augsburger Brecht-Lexikon. Personen – Institutionen – Schauplätze, Würzburg 2000

Kebir, Sabine: Helene Weigel. Abstieg in den Ruhm. Eine Biographie, Berlin 2002

Lyon, James K.: Bertolt Brecht in America, Princeton 1980

Schall, Ekkehard: Buckower Barometer, Gedichte, Frankfurt am Main – Leipzig 2002

Schmidt, Renate: Therese Giehse – A German Actress, München 1989

Völker, Klaus: „Ich verreise auf einige Zeit", Sadie Leviton, Schauspielerin, Emigrantin, Freundin von Helene Weigel und Bertolt Brecht, Berlin 1999

Weigel, Helene (1900-1971): „Unerbittlich das Richtige zeigend" hg. v. d. Akademie der Künste, Berlin 2000

Weigel, Helene: „Wir sind zu berühmt, um überall hinzugehen". Briefwechsel 1935-1971 hg. v. Stefan Mahlke, Berlin 2000

Wizisla, Erdmut: Benjamin und Brecht. Die Geschichte einer Freundschaft, Frankfurt am Main 2004

Periodika:

Dreigroschenheft. Informationen zu Bertolt Brecht hg. v. Kurt Idrizovic, Augsburg, seit 1994 ff.

The Brecht Yearbook, hg. v. The International Brecht Society, University of Wisconsin Press

Gedenkstätten / Museen

AUGSBURG

Staats- und Stadtbibliothek, Bertolt-Brecht-Sammlung und Brecht-Forschungsstelle
Schaezlerstraße 25, 86152 Augsburg
Museum, Archiv, Bibliothek, Brecht-Forschung
Ansprechpartner: Dr. Jürgen Hillesheim
Tel.: +49-821-324 2741, Fax: +49-821-324 2127

Brechthaus
Auf dem Rain 7, 86150 Augsburg
Brechts Geburtshaus und Museum
Öffnungszeiten: Mittwoch-Sonntag 10-16 Uhr
Telefon: +49-821-324 2779, Fax: +49-821-324 2127

Brecht-Shop - Buchhandlung
Obstmarkt 11, 86152 Augsburg
Sämtl. lieferbare Bücher von und über Brecht, Raritäten und CDs.
Ansprechpartner: Kurt Idrizovic
Öffnungszeiten: Montag-Freitag 9-18 Uhr,
Samstag 10-15 Uhr
Telefon: +49-821-518804, Fax: +49-821-39136
E-Mail: brechtshop@t-online.de, Webseite: www.brechtshop.de

BERLIN

Bertolt Brecht Archiv -
Stiftung Archiv der Akademie der Künste
Chausseestraße 125, 10115 Berlin
Archiv, Bibliothek
Ansprechpartner: Dr. Erdmut Wizisla
Öffnungszeiten: Dienstag, Mittwoch, Freitag 9-17 Uhr,
Donnerstag 9-19 Uhr
Telefon: +49-30-2823103, Fax: +49-30-2831581

Brecht-Weigel-Gedenkstätte -
Stiftung Archiv der Akademie der Künste
Chausseestraße 125, 10115 Berlin
Ansprechpartnerin: Elke Pfeil
Öffnungszeiten: Dienstag, Mittwoch und Freitag 10-11.30 Uhr,
Donnerstag 10-12, 17-18.30 Uhr, Samstag 9.30-13.30 Uhr
halbstündliche Führungen
Sonntag 11-18 Uhr stündliche Führungen
montags und an Feiertagen geschlossen
Telefon: +49-30-2829916, Fax: +49-30-283057033
E-Mail: pfeil@adk.de, Webseite: www.adk.de

Literaturforum im Brecht-Haus
Chausseestraße 125, 10115 Berlin
Geschäftsführerin/Programm: Dr. Therese Hörnigk
Öffnungszeiten Büro: Montag bis Freitag 9-15 Uhr
Telefon: +49-30-2828 042
E-Mail: info@lfbrecht.de, Webseite: www.lfbrecht.de

Brechtkeller
Chausseestraße 125, 10115 Berlin
Inhaber: Steffen Menzel
Telefon und Fax: +49-30-2823843
Webseite: www.brechtkeller.de

BUCKOW

Brecht-Weigel-Haus
Bertolt-Brecht-Straße 29, 15377 Buckow
Literaturmuseum und Gedenkstätte
Führungen sind telefonisch zu vereinbaren
Ansprechpartnerin: Margret Brademann
Öffnungszeiten: April-Oktober: Mittwoch-Freitag 13-17 Uhr,
Samstag, Sonntag und Feiertage 13-18 Uhr,
November-März: Mittwoch-Freitag 10-12 Uhr und 13-16 Uhr,
Samstag und Sonntag 11-16 Uhr
Telefon: +49-33433-467, Fax: +49-33433-467
E-Mail: brecht-weigel-haus@kultur-in-mol.de
Webseite: www.kultur-in-mol.de

Danksagung

An erster Stelle steht der Dank an Frau Barbara Brecht-Schall für die Zustimmung zur Veröffentlichung von Koch- und Backrezepten ihrer Mutter, der unvergesslichen Helene Weigel. Mein weiterer Dank geht an alle die Personen, die mir bei der Entstehung dieses Buches mit Rat und Tat geholfen haben: Den Damen und Herren des Bertolt-Brecht-Archivs – Stiftung Archiv der Akademie der Künste Dr. Rolf Harder und Helgrid Streidt, Elke Pfeil von der Brecht-Weigel-Gedenkstätte sowie Margret Brademann vom Brecht-Weigel-Haus in Buckow. Vom Bertolt-Brecht-Erben-Büro danke ich bei Frau Marion Schade. Ebenso bedanke ich mich bei Steffen Menzel vom Restaurant Brechtkeller in Berlin. Des Weiteren bedanke ich mich in Augsburg bei Dr. Helmut Gier, Direktor der Staats- und Stadtbibliothek, Dr. Jürgen Hillesheim, Brecht-Forschungsstelle und Buchhändler Kurt Idrizovic, Herausgeber der Dreigroschenhefte. Mein Dank geht auch an Dr. Wolfgang Jeske vom Suhrkamp Verlag in Frankfurt am Main. Der Schauspielerin Renate Schmidt, Mün-chen, danke ich für die Einsicht in Therese Giehses Tagebücher sowie Dr. Mohr und Frydl Zuleeg, Witwe von Michael Matthias Prechtl, für die Überlassung von Bildmaterial. Besonders herzlich danke ich meiner Lektorin Marta Vascotto für ihre umsichtige und geduldige Zusammenarbeit.

Bildnachweis

Die Collection Rolf Heyne hat alle Anstrengungen unternommen, um die Rechte für die Bilder zu klären. Rechteinhaber, die nicht korrekt angegeben worden sind, bitten wir den Verlag zu kontaktieren. Akademie der Künste Bertolt-Brecht-Archiv, Berlin: Umschlagabbildung, 16, 18, 27, 29, 30 (Theodor Fanta), 31, 33, 35, 40, 42 (oben rechts), 49, 82-83, 84, 87, 89, 90 (Mordecai Gorelik), 95, 96, 98-99 (H. Greid), 101, 102, 108-109, 117, 121, 122, 124, 146-147, 148, 172-173, 176, 179, 201 • Augsburger Allgemeine: 44, 46 • Ruth Berlau/H. Hoffmann: 112, 116, 120 • Brecht-Haus, Augsburg: 8 • Deutsches Theatermuseum München Archiv: 177 (Willi Saeger), 192 (Abisag Tüllmann) • Elmar Herr: 43 (unten) • Hobby Hollywood: 111 • Martha Holmes: 121 • Florence Homolka: 117 • Roman März/Archiv der Akademie der Künste, Berlin: 114 • Thomas Mohr: 190, 204 • Paulaner – Thomas Bräu, München: 51 (unten) • Pisarek/Ruth Gross: 174, 185 • Michael Matthias Prechtl: 55 • Elizabeth Shaw/Patrick Graetz Kunstarchiv (aus „Bertolt Brecht. Ein Kinderbuch"): 42 (oben links und unten rechts), 43 (oben, rechts und links) • Staats- und Stadtbibliothek Augsburg: 15 (Josef Heinle), 21 (Hanne Hiob), 53 (Walter Brecht), 54 (Bretting) • Vera Tenschert: 81, 151 (links, Mitte und rechts), 178, 180, 181, 208-209 • Ullstein Bild: 47, 158 (ADN), 205 (Schneider) • Wuolijoki-Erben/Burkert: 102
Alle übrigen Foodfotos, Stillleben, Landschafts- sowie Innenaufnahmen: Barbara Lutterbeck

www.collection-rolf-heyne.de

Copyright © 2005 der deutschen Ausgabe by Collection Rolf Heyne GmbH & Co. KG, München

Alle Rechte, insbesondere das Recht der Vervielfältigung und Verbreitung, vorbehalten. Kein Teil des Werkes darf in irgendeiner Form (durch Fotokopie, Mikrofilm oder ein anderes Verfahren) ohne schriftliche Genehmigung reproduziert oder unter Verwendung elektronischer Systeme vervielfältigt oder verbreitet werden.

Umschlaggestaltung: Hauptmann und Kompanie
Werbeagentur, München – Zürich
Buchgestaltung: Iris Grün, Greenstuff, München
Redaktion und Aufzeichnung der Rezepte:
Renate Weinberger, München
Foodstyling: Sonja Schubert
Litho: Lorenz & Zeller, Inning a. A.
Druck und Bindung: Polygraf Print, Presov

Printed in Slovakia

ISBN 3-89910-275-4